westermann

W0346821

P.A.U.L. D.

DIFFERENZIERENDE AUSGABE

7

Erarbeitet von:
André Heinemann
Dr. Tanja Heinemann
Susanne Keßler
Ribana Schneider-Wirtz

Inhalt

8

a) Isabel entdeckt ihren Vater, als er eine Flasche auf die Polizisten wirft.
b) Der Polizist will den Vater verhaften.
c) Weil Isabel nicht will, dass ihr Vater verhaftet wird.

Abschnitt 4 (Zeile 28–40): Überschrift: Ein Wurf mit Folgen; Stichwörter: Isabel entdeckt den Vater – Flaschenwurf auf Polizisten – Wütender Polizist droht – Vater muss Kuba verlassen

Seite 66–67

1 + 5 + 6 + 7

In dem Auszug „Isabel" aus dem im Jahr 2020 erschienenen Jugendbuch „Vor uns das Meer" von dem Autor Alan Gratz geht es um Isabel und ihre Familie. In Havanna gibt es Unruhen. Isabels Vater wirft eine Flasche auf Polizisten. Ein Polizist will den Vater verhaften, deshalb muss er Kuba verlassen.

1: Isabel macht in Havanna Straßenmusik mit ihrer Trompete. Plötzlich strömen viele Menschen in die Straßen. Sie rufen Parolen und werfen Gegenstände. Die Polizei kann nichts dagegen tun. Es bginnt ein Aufstand. Der Vater und Großvater von Isabel beteiligen sich am Aufstand. Isabel weiß nicht, wo die beiden sind.
2: Die Aufständischen rufen Parolen gegen den Präsidenten Fidel Castro. Aber Kritik an Castro ist verboten. Normalerweise kommt man dafür ins Gefängnis.
3: Es fallen Schüsse. Polizisten und Soldaten schießen auf die Aufständischen. Plötzlich findet Isabel ihren Großvater. Isabel entdeckt ihren Vater. Er wirft gerade eine Flasche auf die Polizisten. Ein Polizist wird wütend. Er droht, den Vater ins Gefängnis zu stecken. Isabel wird klar: Der Vater ist in Gefahr. Er muss Kuba verlassen.

2 + 3

Abschnitt 1 (Zeile 1–12): Überschrift: Beginn des Aufstands; Stichwörter: Isabel spielt Trompete – Der Aufstand beginnt – Leute strömen auf die Straße
Abschnitt 2 (Zeile 13–20): Überschrift: Proteste gegen Castro; Stichwörter: Kritik ist gefährlich – Aufständische rufen: „Weg mit Castro!"
Abschnitt 3 (Zeile 21–27): Überschrift: Schüsse auf die Protestierenden; Stichwörter: Schüsse – Isabel findet den Großvater

Seite 68–69

2

In dem Auszug „Mahmoud " aus dem Jugendbuch „Vor uns das Meer" von dem Autor Alan Gratz aus dem Jahr 2020 geht es um Mahmoud und seine Familie, die aus dem Land Syrien flüchten müssen.

3

Abschnitt 1 (Zeile 1–10): Zurück zum Einkaufszentrum
Abschnitt 2 (Zeile 11–20): Suche nach einer neuen Unterkunft
Abschnitt 3 (Zeile 21–35): Endlich eine Unterkunft!
Abschnitt 3 (Zeile 36–44): Auch ein Flüchtling

Spannende Experimente – Vorgänge beschreiben

Seite 70

1

1: Flasche, Ei
2: Luftballon, Wäscheklammer, Schnur, Strohhalm
3: Ansichtskarte, Glas, Wasser

2

3: Die schwebende Ansichtskarte
1: Das Ei in der Flasche
2: Die Luftballon-Rakete

3 **Individuelle Lösung**

Seite 71–72

2 **Individuelle Lösung**

4 + 5

1: Stelle eine leere Flasche in heißes Wasser.
2: Warte, bis die Flasche innen warm geworden ist.
3: Lege das gepellte Ei auf den Flaschenhals.
4: Nimm die Flasche aus dem heißen Wasser.

6 + **7**

X Die Flasche wird in heißes Wasser gestellt, dadurch erwärmt sich die Luft in der Flasche. X Wenn die Flasche aus dem heißen Wasser genommen wird, kühlt sich die Luft ab. X Luft zieht sich zusammen, wenn sie sich abkühlt. X Wenn sich die Luft in der Flasche zusammenzieht, wird das Ei in die Flasche gesaugt.

8 Flasche, Ei, Schale/Schüssel, warmes Wasser

Seite 73–74

2 Schwamm, 2 Blatt Papier, Kugelschreiber, Heizung

3
2: trockenes Papier über nasses Papier legen und darauf schreiben
1: ein Papier mit einem Schwamm nass machen
6: das Papier wieder nass machen
3: Papier gegen das Licht halten
4: trockenes Papier von nassem Papier nehmen
5: nasses Papier auf der Heizung trocknen

4 + **5** + **6**

Die unsichtbare Schrift
Mache ein Blatt Papier mit einem Schwamm nass. Lege nun ein trockenes Papier über das nasse Papier. Schreibe mit einem Kugelschreiber eine Botschaft auf das Papier. Nimm das trockene Papier von dem nassen Papier. Du siehst nun einen Abdruck von der Botschaft. Trockne das Papier, zum Beispiel auf einer Heizung. Danach ist der Abdruck verschwunden. Mache das Papier wieder nass. Wenn du das Papier gegen das Licht hältst, kannst du die Botschaft wieder sehen. An der Stelle mit der unsichtbaren Schrift ist das Papier verändert. Hier nimmt das Papier weniger Wasser auf.

Seite 75–76

1 Glas, Blatt Papier, Münze

2 Zuerst wird das Papier auf das Glas gelegt. Dann wird die Münze auf das Papier gelegt, sodass sie sich genau in der Mitte vom Glas befindet. Jetzt wird das Blatt mit der Münze langsam vom Glas gezogen. Danach wird das Experiment wiederholt. Nun wird das Papier schnell und ruckartig von dem Glas gezogen.

3 B: Imperativ (Befehlsform), C: Man-Form, A: Du-Form

4 Für den Versuch benötigt man eine Münze, ein Glas und ein Blatt Papier. Lege das Papier auf das Glas. Dann legst du die Münze auf das Papier, sodass sie sich genau in der Mitte vom Glas befindet. Zieh das Blatt mit der Münze langsam vom Glas. Danach wiederholt man das Experiment. Diesmal ziehst du das Papier schnell und ruckartig vom Glas.

5 Drehe die Münze. Man dreht die Münze. Du drehst die Münze.

Seite 77–78

2 ein Strohhalm, ein Luftballon, Klebeband, eine Schnur, eine Wäscheklammer

3 a) + b) **Mögliche Lösung:**
Ziehe als Erstes eine Schnur durch einen Strohhalm.
Puste dann einen Luftballon auf.
Verschließe danach den Luftballon mit einer Wäscheklammer.
Befestige nun den Luftballon mit Klebeband am Strohhalm.
Spanne im Anschluss die Schnur so, dass sie nicht mehr durchhängt.
Lass zuletzt den Luftballon los.

4 Der Luftballon fliegt wie eine Rakete an der Schnur entlang.

5 Die Luft strömt aus dem Luftballon heraus und schiebt den Luftballon an der Schnur entlang vorwärts.

Seite 79

1 ein Glas, eine Ansichtskarte, Wasser

2 Befülle zuerst das Glas zur Hälfte mit Wasser. Lege anschließend die Ansichtskarte mit der Bildseite zum Wasser hin auf den Glasrand. Halte währenddessen die Ansichtskarte mit einem Finger fest. Drehe dann das Glas kopfüber. Ziehe zuletzt den Finger unter der Ansichtskarte weg. Die Ansichtskarte schwebt unter dem Glas.

Wer? Wann? Wo? Was? – Von Ereignissen berichten

Seite 80

2 1: ein Sturz
2: eine Eröffnung
3: ein Klassenausflug

4 2

5 X zwei Jungen, Zusammenstoß

Seite 81–82

2 Was ... (gelb)? Unfall im Sportunterricht; Wann ... (rot)? Montag, 16. September, gegen 10.20 Uhr; Wo ... (grün)? Sporthalle; Wer ... (blau)? Natalie W., Sportlehrer, Schulsanitätsdienst; Wie ... (lila)? stieg Natalie auf den Barren und turnte ihre Übung. Beim Absprung knickte sie um. Sie verletzte sich am Knöchel; Welche Folgen ... (rosa)? Ein Arzttermin wurde für den Nachmittag vereinbart.

3 + 4

Was ...? Unfall im Sportunterricht (U); Wann ...? Montag, 16. September, gegen 10.20 Uhr (N); Wo ...? in der Sporthalle (F); Wer ...? Natalie W., Sportlehrer, Schulsanitäter (A); Wie ...? Natalie stieg auf den Barren und turnte ihre Übung. Beim Absprung knickte sie um. Natalie verletzte sich am Knöchel. (L); Welche Folgen ...? Ein Arzttermin wurde für den Nachmittag vereinbart. (L)

5 UNFALL

Seite 83–84

2 Was ...? Ohnmacht von Emilia P.; Wann ...? während des Unterrichts, um 12.05 Uhr; Wo ...? im Klassenraum; Wer ...? Emilia P., Judyta W., Schulsanitäter, Eltern; Wie ...? Emilia ist schwindelig, wird ohnmächtig, kommt wieder zu sich, Judyta gibt Wasser und legt Beine hoch, Schulsanitäter misst Blutdruck, Ergebnis: zu niedrig; Welche Folgen ...? Eltern kommen und bringen Emilia zum Arzt.

3 + 4 + 5

Ohnmacht von Emilia P.
Der Vorfall passierte während des Matheunterrichts um 12.05 Uhr im Klassenraum. Beteiligt waren Emilia aus der 7b und Judyta aus der 7a.
Zuerst wurde Emilia schwindelig. Dann wurde sie ohnmächtig. Danach kam sie wieder zu sich. Judyta gab ihr Wasser. Im Anschluss legte sie Emilias Beine hoch. Nun kam der Schulsanitäter und maß Emilias Blutdruck. Der Blutdruck war zu niedrig. Nachdem der Lehrer Emilias Eltern angerufen hatte, wurde Emilia zum Arzt gebracht.

Seite 85–86

2 X persönliche Kommentare und Wertungen verwendet.

3 Am Dienstag verletzte sich Mia im Technikunterricht den Finger. Wir arbeiteten alle an unseren Aufgaben. Plötzlich schnitt Mia sich beim Sägen in den Finger. Die Lehrerin holte Verbandsmaterial und versorgte Mias Wunde.

5 X Umgangssprache verwendet

6 Schülerinnen und Schüler aus der 7c haben Fußball gespielt. Dabei verletzte sich Lewin N. Lina M. ist mit dem Ball in Richtung Tor gelaufen und hat nur auf den Ball geschaut. Lewin und Lina stießen mit den Köpfen zusammen. Lewin N. verletzte sich dabei am Auge. Seine Eltern holten ihn ab und brachten ihn zum Arzt.

7 hat ... verletzt, ist ... gelaufen, angekommen ist, ist ... gesprungen, ist ... umgeknickt, hat (sich) ... verletzt

8 X Perfekt

9 Am Montagmorgen verletzte sich Lisa im Sportunterricht. Sie lief eine Runde beim Brennball. An der nächsten Station sprang sie auf den Kasten. Dabei knickte sie um und verletzte sich am Knöchel.

10 Die Sportlehrerin beendete das Spiel. Sie schickte zwei Mitschüler zum Sekretariat. Die Schüler holten die Schulsanitäter.

Seite 87

1 **richtig:** Ein Bericht sollte sachlich geschrieben sein. Ein Bericht sollte die W-Fragen beantworten. Einen Bericht schreibt man im Präteritum.

3 + **4**

Ereignis – Was ... (gelb)? Unfall beim Sportfest
Datum und Uhrzeit – Wann ... (rot)? Am 10. Juli, um 12.10 Uhr
Ort – Wo passierte der Unfall? auf dem Sportgelände des TSV Seestadt
Beteiligte – Wer ... (blau)? Torwart der 7c, Spieler der 8a, Schulsanitäter
Ablauf des Unfalls – Wie ... (lila)? Ein Spieler der 8a hatte den Ball hoch in den Strafraum gespielt. Der Torwart faustete den Ball weg und fiel dabei auf seine Hand
Folgen des Unfalls – Welche Folgen ... (rosa)? Der Torwart musste ausgewechselt werden.

Diskussionen im Schulalltag – sachlich und überzeugend argumentieren

Seite 88

1 X Wohin fahren wir bei unserer Klassenfahrt?

3 **Individuelle Lösung**

Seite 89–90

2 X über die Anschaffung von Sportgeräten für den Schulhof

3 Für Sportgeräte: Marie, Malik, Seyyid, Aneeb
Gegen Sportgeräte: Cem, Kaan, Alina, Karina

4 **hört genau zu:** Wir können das Trampolin doch nacheinander nutzen. (Malik) Ich habe einen Kompromissvorschlag: Wir könnten ja auch nur einige Sportgeräte kaufen. (Aneeb)
bezieht sich auf die Äußerungen anderer: Ich finde, dass Cem recht hat. (Kaan) Ist das wirklich ein Problem? (Malik) Ich stimme Marie zu. (Seyyid)
begründet den eigenen Standpunkt: Es gibt interessante Kletterstangen oder Trampoline. So können wir in den Pausen Sport machen. (Marie) Nicht jeder kann die Geräte in der Pause nutzen. (Kaan) Wir haben doch schon mehrere Stunden Sportunterricht in der Woche. (Alina) Damit können nicht alle Schülerinnen und Schüler etwas anfangen. (Karina)

5 X Alina verwendet unpassende Wörter.
X Alina beleidigt andere.

6 A – 3, B – 1, C – 2

Seite 91

2 **Meinung:** Ich bin gegen die Anschaffung von Sportgeräten. **Begründung:** Damit können nicht alle etwas anfangen. **Beleg:** Kinder mit Einschränkungen können die Geräte nicht nutzen, wenn sie zum Beispiel auf einen Rollstuhl angewiesen sind.

3 **Meinung:** Wir sollten keine Sportgeräte anschaffen. **Begründung:** Das spricht nur wenige an. **Beleg:** Ezgi und ich zum Beispiel machen in den Pausen lieber was anderes als Sport.

Seite 92

1 Marie: Ich finde, wir sollten einen Schulgarten anlegen. Ein Schulgarten wäre toll, <u>weil</u> wir dann selbst Gemüse anpflanzen und ernten könnten. Die Anne-Frank-Schule hat zum Beispiel einen Apfelbaum und macht eigenen Apfelsaft.
Cem: <u>Ich verstehe deinen Standpunkt,</u> aber Obstbäume brauchen viel Pflege.
Kaan: <u>Wie meinst du das</u>, Cem? Bist du dagegen, einen Schulgarten anzulegen?
Cem: Ja, ich bin dagegen, <u>denn</u> ein Garten macht echt viel Arbeit.
Alina: <u>Im Gegensatz zu dir denke ich</u>, dass ein Schulgarten gar nicht so viel Arbeit macht. Wir sind doch viele und können die Arbeit untereinander aufteilen.

Seite 93–94

2 **Argument:** Der Hund wirkt sich positiv auf Kinder und Jugendliche aus.
1. Beleg: Der Hund kann Angst und Stress reduzieren.
2. Beleg: Kinder übernehmen gern Dienste für den Hund und sind bereit Rücksicht zu nehmen.
3. Beleg: Entspannungs- oder Bewegungspausen mit dem Hund sorgen für Abwechslung im Schulalltag.

3 **1. Argument:** Nicht jeder Hund ist für den Einsatz als Schulhund geeignet. **Beleg:** Manche Hunde sind zum Beispiel zu laut oder bewegungsfreudig, um in der Schule zum Einsatz zu kommen.
2. Argument: Der Hund kann nicht in der Schule wohnen. (kein Beleg genannt)
3. Argument: Ein Hund kostet außerdem Geld. **Beleg:** Er muss zum Tierarzt und braucht Nahrung.
4. Argument: Einen Hund darf man auch nicht einfach so mitbringen. **Beleg:** Er muss von der Schulleitung genehmigt werden.

4 **Mögliche Lösung:**
Ein Argument dafür ist: Ein Hund wirkt positiv auf Kinder und Jugendliche aus.
Das belegt dieses Beispiel: Entspannungs- oder Bewegungspausen mit dem Hund sorgen für Abwechslung im Schulalltag.

4 + **5** **Individuelle Lösung**

Seite 95

2 grün unterstreichen: weil sie dann mehr vom Nachmittag haben
rot unterstreichen: Der frühe Schulbeginn schadet

3 Belege für „weil sie dann mehr vom Nachmittag haben“: 1. Text, Zeile 2–5;
Belege für „Der frühe Schulbeginn schadet“: 2. Text, Zeile 2–5

4 + **5** **Individuelle Lösung**

Ein Blick hinter die Kulissen – richtig schreiben und Kommas setzen

Seite 96

1 + **3**
das Lachen, beim Lesen, etwas Lustiges, das Theater, das Beste

2 Die Wörter haben alle einen Begleiter.
Die Wörter gehören zur Wortart Nomen.

4 locker, Schminke, danken, backen, Hocker, Flanke, lecker, Hecke, Schinken, erschrecken

Seite 97

2 Ku lis se, Zu schau er, Dar stel le rin, Kos tüm pro be

3 + **4**
der Dialo**g** – die Dialoge, lusti**g** – lustiger, das Bühnenbil**d** – die Bühnenbilder, sie schrei**b**t – schreiben

Seite 98–99

2 + **3** + **4**
Begleiter + nominalisiertes Verb:
das Lachen, das Einleben, zum Heulen
Begleiter + nominalisiertes Adjektiv:
das Außergewöhnliche, das Interessante

5 A das Schöne
B das Lesen, viel Nützliches
C das Hören

6 A Das Verschenken, eine gute Idee
B Das Entdecken, neuen Büchern, schwierig
C Das Tolle, das große Angebot

7 + **8**
Das Lesen von Fantasybüchern wird immer beliebter.
Das Spannendste an den Büchern ist oft der Schluss.
Lange hatte die Autorin keinen Erfolg mit dem Schreiben von Büchern.

Seite 100

1 + 2

Nomen: am Donnerstag; **Adverb:** übermorgen, abends; **Adverb + Nomen:** gestern Nachmittag

3
A Freitag
B samstags
C Nacht
D morgens

Seite 101

1 + 3

verschiedene Konsonanten nach kurzem Vokal: Stand, stopfen, Punkt, Wolke
ein doppelter Konsonant nach kurzem Vokal: Stall, stoppen, Puppe, Wolle

4
A immer, Messen, Kreuzfahrtschiffen
B Ausstattung, Halle
C kann

Seite 102

1 ste cken, A cker, pa cken, Schne cke, le cker, tro cken

2 X einen Konsonanten

3
A geputzt, schmutzig
B Glück, blitzschnell
C letzten
D spitze, blickt
E Jetzt
F Decke
G weckt, schickt

4 danken, drucken, meckern, melken, winzig, witzig, Kerze, kratzig

Seite 103

2 + 3

Wörter mit hl: Höhle, stiehlt, Kaffeemühle, gestohlen
Wörter mit hm: berühmt, wegnehmen, gelähmt
Wörter mit hn: ohnmächtig, Belohnung
Wörter mit hr: ihre, berührt, Fahrrad, gefährlichen, sehr

4
A Stühlen
B Ohren
C Bühne
D empfehlen
E Rahmen

Seite 104

1 Heute treten Tiere nur selten im Theater auf. Früher ließ man sogar riesige Elefanten im Theater auftreten. Heute verirrt sich nur manchmal eine Biene in ein Theater.

2 X ie

3 ... Die Schreinerin baut ihren Schrank auf. Sabine hilft ihr dabei. ... Sie hat ihn vergessen. ... Die Aufführung ist ihnen wichtig.

4 + 5

Igel, Zitrone, Tiger

Seite 105

1 + 2

kurzer Vokal / langer Vokal:
der Fluss – der Fuß – nass – der Spaß – das Wasser – groß – flüssig

3 + 4

ss nach kurzem Vokal: flüssiger, muss, Messer
ß nach langem Vokal: große
ß nach Zwielaut: heiß, draußen, weißen

5 das Glas, muss, der Schluss, das Los

Seite 106

1 A – 3, B – 4, C – 2, D – 1

2
A das
B dass
C Das
D dass

Seite 107

1
A Mia singt gern, aber sie kann auch gut tanzen.
B Kai will den Räuber spielen, denn er findet das Kostüm toll.
C Cem verschickt die Einladungen, Laura hängt die Plakate auf.

2 Mia freut sich auf das neue Schuljahr, denn es gibt ein Theaterprojekt.
Kai will eine Rolle spielen, aber er findet auch andere Aufgaben interessant.
Für ein Musical braucht man nicht nur gute Tänzer, sondern die Darsteller müssen auch gut singen können.

3 + **4**

A Max näht die Kostüme, Nele baut die Kulissen.
B Laura spielt Schach, aber sie will auch Theater spielen.

Seite 108

1 Die Klasse 7a trifft sich zwei Stunden vor der Aufführung, weil noch viel zu tun ist. Emre probt noch einmal seinen Text, bevor er auf die Bühne geht. Er ist aufgeregt, obwohl er in den letzten Tage fleißig geübt hat. Alle sind ganz still, als sie auf die Bühne gehen.

2 A nachdem
B bevor
C dass

3 Marie freut sich, weil sie die Hauptrolle bekommen hat.

Seite 109

1 + **2**

A Hier ist das Parken verboten.
B Alles Gute zum Geburtstag.
C Ich gehe montags immer zum Sport.
D Am Dienstag gehen wir ins Theater.

3 **Adverb:** C montags
Nomen: D (Am) Dienstag

4 die Bank, der Lack, denken, der Deckel, die Katze, die Kreuzung, schmutzig, die Pflanze

5 die Straße, müssen, grüßen, das Wasser fließt

6 A das
B dass

7 + **8**

A Wir kommen zu spät, wenn wir uns nicht beeilen
B Wir spielen heute in der Halle, weil es regnet.

Schätze und Sterne – Wortarten

Seite 110

1 A – 3, B – 6, C – 1, D – 2, E – 4, F – 5

2 Artikel, Nomen, Adjektiv, Verb, Personalpronomen, Possessivpronomen
Die Schatzkarte
Kennst du das Buch „Die Schatzinsel“? Es handelt von einem Jungen mit einer besonderen Landkarte. Sein Name ist Jim. Er ist Schiffsjunge. Auf der Landkarte sieht man eine unbekannte Insel. Ein Kreuz zeigt auf die Stelle, an der ein wertvoller Schatz versteckt ist. Der mutige Jim sucht den Schatz. Piraten sind seine Gegner. Sie wollen den Schatz für sich haben. Ein harter Kampf beginnt. Jim erlebt das gefährlichste Abenteuer seines Lebens.

Seite 111

2 + **3**

Was ist in der freien Natur versteckt? der Schatz
Wessen Versteck ist nicht leicht zu finden? des Schatzes
Wem ist ein Buch beigelegt? dem Schatz
Wen darf niemand mitnehmen? den Schatz

4 eine Schatzsuche: Nominativ – Wer oder was ist „Geocaching“?
die Suche: Akkusativ – Auf wen oder was geht man?
der Suche: Dativ – Bei wem haben auch andere Spaß?

Seite 112

2 A: Präsens, B: Präteritum, C: Futur

3 Präsens: ist, sich ... interessiert, liest, sucht, benutzt, nennt
Präteritum: fand, stammte, schenkte, brachten ... mit, erregte
Futur: werden ... finden, werden ... übergeben, werden ... untersuchen, werden ... zeigen

4 Präsens – Infinitiv: ist – sein, liest – lesen, nennt – nennen
Präteritum – Infinitiv: fand – finden, brachten – bringen, erregte – erregen

Seite 113

2 Perfekt

3 bin gegangen, habe gefunden, haben gemacht, hat gelegen, hat erhalten

4 A Bevor Stella mit der Arbeit an ihrem Referat anfing, war sie in die Bücherei gegangen.
B Nachdem sie viel über die Himmelsscheibe von Nebra gelesen hatte, entschied sie sich für ein Foto als Einstieg.

5 Plusquamperfekt

Seite 114–115

1 **richtig:** Personalpronomen können Nomen ersetzen. Possessivpronomen zeigen an, dass jemandem etwas gehört. Alle Pronomen können dekliniert (verändert) werden.

2 Pronomen können im Singular und im Plural stehen.

3 Personalpronomen: ich, euch, es, er, dir, wir, ihr, sie, ihn, sie
Possessivpronomen: mein, meine, unserem, deiner, unser, deine, unseres

4 Er schreibt einen Text über den Stern Sirius.
Sie notieren sich den Termin.
Es ist auf der Homepage der Schule zu sehen.

5 Stella, Elif und Ole üben für ihr Referat. Ole liest seinen Text über den Stern Sirius vor. Stella klebt ihr Foto von der Himmelsscheibe auf das Plakat. Elif lädt seine Eltern zur Präsentation ein. Die Lehrerin teilt ihrer Klasse den Termin mit. Die Gruppe veröffentlicht ein Foto ihres Plakats auf der Schulhomepage.

Seite 116–117

1 Auf, mit, neben, Unter, über, In, für, an

2 Vor langer Zeit nutzten die Seeleute zur Orientierung Berge oder gut sichtbare Punkte an Land. Um diese Punkte von Weitem zu erkennen, kletterten die Seeleute in den Ausguck auf der Mastspitze. Von dort hatten die Seeleute einen besseren Überblick. In der Nacht halfen ihnen die Sterne beim Navigieren.

3 an + dem = am
in + das = ins
auf + das = aufs
von + dem = vom
an + das = ans
zu + der = zur

4 ins, zum, beim, im

5 ins = in + das, zum = zu + dem, beim = bei + dem, im = in + dem

Seite 118

2 Wann? Wie lange? früher, tagsüber, nachts, irgendwann
Wo? Woher? Wohin? überall, irgendwo, dort

3 Die Sonne geht immer im Westen unter. Im Norden ist die Sonne nie zu sehen. Oben auf dieser Seite siehst du ein Bild vom „Großen Wagen“.

Seite 119

2 Präteritum: Satz 1, 2, 4, 5
Perfekt: Satz 3
Präsens: Satz 6

3 Adverb

4 die Meere: Wen oder was? Akkusativ
den Seefahrern: Wem oder was? Dativ
ein Kapitän: Wer oder was? Nominativ

5 zum = zu + dem

Spannende Fälle – Satzglieder und Attribute

Seite 120

1 A Erich Kästner schrieb das Buch „Emil und die Detektive“ im Jahr 1929.

B Das Buch „Emil und die Detektive“ schrieb im Jahr 1929 Erich Kästner.

C Im Jahr 1929 schrieb Erich Kästner das Buch „Emil und die Detektive“.

2 + **3**

Mögliche Lösung:
A Im Jahr 1886 schrieb Arthur Conan Doyle seine erste Sherlock-Holmes-Geschichte.
B Bislang lösten die drei Fragezeichen jeden Fall.
C In Deutschland lesen viele junge Menschen die Detektivgeschichten von TKKG.

4 X 4

Seite 121–123

1 A – 2, B – 3, C – 4, D – 1

3 (1) **Was** ist „Ein Fall für TKKG“? – der Titel der Jugendbuchreihe
(2) **Was** steht für ...? – Die Abkürzung TKKG
(3) **Wer** löst ...? – die vier Jugendlichen
(4) **Wer** hilft ...? – Gabys Hund und ihr Vater
(5) **Wer** liebt ...? – Viele junge Menschen
(6) **Wer** starb ...? – der Autor Stefan Wolf
(7) **Was** wurde ... weitergeführt? – Die Buchreihe

4 (1) **Was tat** Arthur Conan Doyle? Arthur Conan Doyle schrieb ...
(2) **Was tut** Sherlock Holmes? Sherlock Holmes hilft ...
(3) **Was tut** der Detektiv? – Der Detektiv untersucht ...
(4) **Was tut** sein Freund Dr. Watson? – Sein Freund Dr. Watson hilft ...
(5) **Was tut** die Fernsehserie ...? Die Fernsehserie ... begeistert ...
(6) **Was tut** ein Museum? – Ein Museum erinnert ...

5 (1) ... hat ... geschrieben.
(2) ... haben ... geschenkt
(3) ... habe ... durchgelesen

6 Die Fernsehserie „Sherlock Holmes“ hat viele Fans. In über 200 Filmen haben schon 72 Schauspieler den Detektiv gespielt. Polizisten arbeiten mit der Methode von Sherlock Holmes.

7 + **8**

B **Wem** ist mit Sherlock Holmes eine weltweit bekannte Figur gelungen? (Dativobjekt)
C **Mit wem** arbeitet die Polizei in der ganzen Welt? (Dativobjekt)
D **Wen** schult die ägyptische Polizei mit den Geschichten von Sherlock Holmes? (Akkusativobjekt)

Seite 124–125

1 + **2** + **3**

A Wann – 2 am späten Abend (adverbiale Bestimmung der Zeit)
B Wo – 3 in einem Tresor (adverbiale Bestimmung des Ortes)
C Wie – 4 unbemerkt (adverbiale Bestimmung der Art und Weise)
D Warum – 1 weil ich unter Schock war (adverbiale Bestimmung des Grundes)

4 B **Wie** mag sie die Fälle von Sherlock Holmes?
C **Wo** vergisst sie häufig die Zeit?
D **Wann** rauben die Krimis ihr den Schlaf?
E **Wie** kommt sie am nächsten Morgen aus dem Bett?

6 **Adverbiale Bestimmung der Zeit:** 1, 5; **... des Ortes:** 4; **... der Art und Weise:** 3, 6, 7; **... des Grundes:** 2

Seite 126

2 + **3**

Mögliche Lösung:

B Ein berühmter Detektiv ist Sherlock Holmes.

C Schmuck aus Gold und Edelsteinen bevorzugt der Juwelendieb.

D Beobachtet wurde eine Dame mit einer Halskette.

E Durch den Keller betritt der Einbrecher das prächtige Haus.

F Den Dieb mit der Maske hat der Zeuge wiedererkannt.

Seite 127

1 + **2**

Mögliche Lösung:

Subjekt, Prädikat, Objekt

1. Kira und Asil lösten den Fall am späten Nachmittag gemeinsam.
2. Den Fall lösten Kira und Asil am späten Nachmittag gemeinsam.
3. Lösten Kira und Asil den Fall am späten Nachmittag gemeinsam?

3 + **4**

Wen oder was? = Akkusativobjekt

5 markieren: am späten Nachmittag

6 adverbiale Bestimmung der Art und Weise (gemeinsam)

8 am späten Nachmittag

P.A.U.L. D. 7
Arbeitsbuch Inklusion

Lösungen
ISBN 978-3-14-127535-3

Mit Worten können wir ... – über Kommunikation und Lernen nachdenken

Seite 5

1 + **2** + **3** **Individuelle Lösungen**

Seite 6

2 **Mögliche Lösung:**
1: Herzen öffnen, verführen
2: verletzen, vernichten, angreifen, traurig machen
3: trösten, wärmen
4: aufmuntern, erheitern

Seite 7–8

2 Bild links: 2, Bild rechts: 1

3 2

4 X Das Gegenüber wird nicht angegriffen oder beleidigt. X Das Anliegen wird als Bitte formuliert. X Es werden positive Formulierungen verwendet.

5 Ich warte hier auch. Stell dich bitte hinten in der Schlange an.

7 Sätze 3, 5, 6: ☺ markieren
Sätze 1, 2, 4, 7: ☹ markieren

8 **Mögliche Lösung:**
1: Du lachst über das, was ich gesagt habe. Das ärgert mich. Lach mich nicht aus.
2: Bitte beteilige dich an der Gruppenarbeit.
4: Ich möchte zuhören. Dein Reden stört mich und andere. Hör bitte auf zu reden.
7: Du sprichst laut. Ich kann nicht verstehen, was die Lehrerin sagt. Kannst du bitte leiser sprechen?

Seite 9

2 2: Ich habe eine andere Meinung zu dem Thema als du. Und zwar ...
3: Lass mich bitte erst ausreden, dann darfst du etwas sagen.
4: Bitte arbeite in der Gruppe richtig mit, damit wir zu einem guten Ergebnis kommen.

3 Ich habe mich geärgert, weil du an meinen Tisch gestoßen bist und dabei mein Etui runtergefallen ist. Könntest du mir bitte helfen, die Stifte aufzusammeln?

Seite 10–11

2 **Individuelle Lösung**

4 **richtig:** Unsere Gedanken bestimmen, wie wir Dinge und Ereignisse sehen. Wenn wir negative Gedanken haben, fallen uns eher negative Dinge ein. Positive Gedanken bewirken, dass man manche Dinge oder sich selbst besser findet.

5 unterstreichen: Zeile 20–29

6 **Individuelle Lösung**

Anders als die Anderen

Seite 12

2 B: Timm Thaler ist die Hauptfigur von dem Buch „Timm Thaler oder das verkaufte Lachen“. Das Besondere an Timm ist sein Lachen.
C: Harry Potter ist die Hauptfigur von der Jugendbuchreihe „Harry Potter“. Harry ist ein Schüler an der Zauberschule Hogwarts.
A: Rico und Oskar sind die Hauptfiguren von dem Buch „Rico und Oskar“. Die Jungen sind sehr unterschiedlich, aber gute Freunde.

3 **Individuelle Lösung**

Seite 13–15

2 X Niko ist dick und Sera ist froh, dass sie selbst dünn ist.

3 X Die anderen haben Nikos Kleidung gestohlen, als er nach dem Sport geduscht hat.

4 X Ein paar Jungen haben Nikos Rucksack in den Baum geworfen.

5 **Aussehen:** dünn, hübsch (Abschnitt 1); **Beziehung zu Niko:** denkt nicht viel über ihn nach, mag seine Stimme, starrt ihn an, aber schämt sich dafür, findet es nicht okay, dass die anderen Niko mobben, lacht mit, wenn die anderen Niko auslachen (Abschnitt 1, 2); **Verhalten und Charakter:** spricht nicht viel, klettert gern auf Bäume (Abschnitt 3)

6 Sera ist Niko meistens egal. Sie starrt ihn an, aber sie schämt sich dafür. Als die anderen Niko auslachen, lacht sie mit. Aber sie findet es nicht okay, dass die anderen ihn mobben. Außerdem mag sie Nikos Stimme.

Seite 16–18

2 X Er hat die Idee, einen Sprunganzug zu entwickeln.

3 a) X Er weiß, dass er einen dicken Körper und X-Beine hat.
b) X Die anderen reden über ihn und beleidigen ihn.
c) X Er überhört die Schimpfwörter und weint nicht.

4 X Osman ist ein Freund von Niko.
X Osman ist auch dick und mag verrückte Erfindungen. X Osman ist älter als Niko.

5 erfinderisch, klug, gelassen, schlau

6 **Aussehen:** kräftige Schultern, dicke Beine, X-Beine, speckige Knie, dick (Abschnitt 2); **Beziehungen zu anderen:** Freund von Osman, wird von anderen gemobbt (Abschnitt 2, 3); **Verhalten und Charakter:** erfinderisch, schlau, heult nicht, überhört Beleidigungen, mag verrückte Erfindungen (Abschnitt 1, 2, 3)

Seite 19–21

2 Was erfährst du über Seras Leben?
X kommt aus Ägypten, X spricht zu Hause Deutsch, X hat älteren Bruder Farid
Was interessiert Sera? X Musik, X Kleidung, X Filme, X Klettern
Welche Eigenschaften hat Sera?
X perfektionistisch
Wie sind Seras Beziehungen zu anderen?
X hat Ärger mit Eltern, mag sie aber, X ist mit Melinda befreundet, X macht sich Gedanken über Niko
Wie verhält sich Sera? X passt auf, dass sie nicht auffällt, X hilft ihrem Bruder Farid, X packt ihr Schulzeug ordentlich ein

3 **Familie und Leben:** kommt aus Ägypten, spricht zu Hause Deutsch, hat älteren Bruder Farid; **Interessen:** Musik, Kleidung, Filme, Klettern; **Eigenschaften:** perfektionistisch; **Beziehungen zu anderen:** hat Ärger mit Eltern, mag sie aber, ist mit Melinda befreundet, macht sich Gedanken über Niko; **Verhalten:** passt auf, dass sie nicht auffällt, hilft ihrem Bruder Farid, packt ihr Schulzeug ordentlich ein

4 ... Seras Familie kommt aus Ägypten. Zu Hause spricht die Familie Deutsch. Sera hat einen Bruder, er heißt Farid.

5 Sera interessiert sich für Musik, Kleidung und Filme. Sie klettert gern auf Bäume. Sera passt auf, dass sie nicht auffällt. Wenn sie ihre Schultaschepackt, ist sie perfektionistisch. Sera hat Ärger mit ihren Eltern, mag sie aber gern. Seras beste Freundin ist Melinda. Am Anfang der Geschichte ist Sera Niko egal. Später macht sie sich aber Gedanken über ihn.

Seite 22

1 A – 2, B – 4, C – 3, D – 5, E – 1

2 a) ehrlich, klug
b) gelassen, selbstbewusst

Seite 23–24

2 Wie sieht Marko aus? X lässige Frisur, X schwarzhaarig, X trainiert
Welche Eigenschaften hat Marko? X sportlich, X hat blöde Ideen
Wie sind Markos Beziehungen zu anderen? X Alle finden ihn gut. X Er findet Sera gut. X Er nervt andere.
Wie verhält sich Marko? X Er wirft Nikos Rucksack in den Baum. X Er lacht Niko aus.

3 **Aussehen:** lässige Frisur, schwarzhaarig, trainiert; **Eigenschaften:** sportlich, hat blöde Ideen; **Beziehungen zu anderen:** Alle finden ihn gut. Er findet Sera gut. Er nervt andere; **Verhalten:** Er wirft Nikos Rucksack in den Baum. Er lacht Niko aus.

4 Marko ist eine Figur aus dem Buch „Tanz der Tiefseequalle" von der Autorin Stefanie Höfler. Er hat einen trainierten und schlanken Körper. Seine Haare sind schwarz und er hat eine lässige Frisur. Marko ist sportlich und macht Leichtathletik. In der Schule hat er oft blöde Ideen. Damit nervt er die Lehrer und oft auch seine Mitschüler und Mitschülerinnen. Trotzdem finden ihn die anderen gut. Er selbst findet Sera gut. Marko mobbt Niko: Er wirft Nikos Rucksack in den Baum und lacht ihn aus.

Seite 25

1 + **2** + **3** + **4** **Individuelle Lösung**

Spannende Geschichten in Versen – Balladen kennenlernen und erschließen

Seite 26

1 **Individuelle Lösung**

2 1 – D, 2 – C, 3 – A, 4 – B

Seite 27–29

1 **Individuelle Lösung**

3 **richtig:** Peter erzählt, dass er toll ist, obwohl er nicht viel kann.
Peter ist ein Lügner und Angeber.
Peter glaubt seine eigenen Lügen.

4 X Peter behauptet, dass er mehr als dreißig Klöße essen kann.

5 Nach dem zehnten Kloß wird Peter weiß. Er denkt: Kurt gewinnt die Wette. Aber Peter tut so, als ob ihm die Klöße schmecken würden und er isst weiter.

6 X Nach 15 Klößen bricht Peter zusammen.

7 rot unterstreichen: Vers 47–48
grün unterstreichen: Vers 50–51
blau unterstreichen: Vers 53–54

8 X Angeben kann auch Nachteile haben.

Seite 30–33

2 X schöne Damen X König Franz X Adelige

3 a) X Die Tiere kommen aus dem Käfig.
b) X einen Tiger X zwei Leoparden X einen Löwen

4 Der König befiehlt, dass der Zwinger geöffnet werden soll. Langsam kommt ein Löwe heraus. Danach springt ein Tiger heraus. Dann kommen zwei Leoparden. Die Tiere kämpfen gegeneinander und brüllen laut.

5 X „Wenn Sie mich wirklich so sehr lieben, wie Sie mir immer sagen, heben Sie den Handschuh für mich auf."

6 X Delorges steigt in den Käfig und holt den Handschuh. X Delorges ärgert sich über Kunigunde.

8 + **9** A – 5, B – 1, C – 3, D – 4, E – 2, F – 6

10 **Individuelle Lösung**

Seite 34

1 unterstreichen: Mitglieder des Königshofes, schöne junge Frauen

2 X Worterläuterungen erklären die Bedeutung schwieriger Wörter.

3 + **4**

Altan, der: altes Wort für Balkon; begehren: etwas haben wollen; keck: frech; schallen: laut von Weitem zu hören; Schweif, der: der Tierschwanz

Seite 35

1 lyrische Texte: X Gedichte X Haikus X Elfchen; erzählende Texte: X Romane X Märchen; dramatische Texte: X Theaterstücke X Dramen

2 rot markiert: erzählend; grün markiert: lyrisch; gelb markiert: dramatisch

Seite 36–39

1 X Es geht um ein Schiff, das „Schwalbe" heißt. X In der Ballade kommt ein Steuermann vor. X Ein Schiff fährt von Detroit nach Buffalo.

3 a) X John Maynard war Steuermann.
b) X Er hat alle anderen gerettet.
c) X Er ist gestorben.

4 4, 5, 2, 3, 1

5 X Der Steuermann steht mitten im Qualm.
X Der Kapitän fragt, ob der Steuermann noch da ist.
X Das Schiff zerbricht an den Klippen.

6 In der Ballade „John Maynard" geht es um ein Schiffsunglück. Das Schiff fährt von Detroit nach Buffalo. Am Anfang der Fahrt sind die Passagiere fröhlich. Doch dann bricht ein Feuer aus. Die Passagiere stehen vorn auf dem Schiff. Dort ist noch nicht so viel Qualm. Der Kapitän kann den Steuermann nicht mehr sehen. Er fragt den Steuermann: „Noch da, John Maynard?" Der Steuermann gibt nicht auf. Er steuert das Schiff in die Brandung. Das Schiff zerbricht. Alle Passagiere werden gerettet. Nur John Maynard stirbt. Die Ballade endet mit seinem Begräbnis.

7 unterstreichen: ... Luther Fuller ... Das Schiff konnte die Küste aber nicht mehr rechtzeitig erreichen. Bei dem Unglück starben fast alle Passagiere. Man weiß heute nicht genau, ob der Steuermann überlebte oder ob er starb.

Seite 40–41

2 5

3 In der Ballade „Der Maulwurf muss weg!" vom Autor Hans Scheibner geht es um Herrn Kremer und einen Maulwurf. Der Maulwurf macht den Rasen kaputt. Herr Kremer will, dass der Maulwurf verschwindet. Er zerstört die Maulfwurfs-Hügel. Aber der Maulwurf baut immer wieder neue Hügel. Zum Schluss gießt Herr Kremer Benzin auf den Rasen und zündet es an. Dabei brennt das ganze Haus ab. Herr Kremer freut sich trotzdem, denn der Maulwurf ist weg.

4 a) weil der Maulwurf den Rasen kaputt macht
b) weil Herr Kremer sein Haus abgebrannt hat, bloß um einen Maulwurf zu vertreiben

5 rot markiert: erzählend; gelb markiert: dramatisch; grün markiert: lyrisch

Menschen, die die Welt bewegten – mit Sachtexten umgehen

Seite 42

3 Text links: Bild 2; Text rechts: Bild 1

Seite 43–45

1 X Edison war ein Forscher und Erfinder.
X Edison hat die Glühbirne erfunden.

3 In dem Text geht es um Thomas Edison, den Erfinder der Glühbirne.

5 a) Edison war schon als Kind schwerhörig, daher hat ihn seine Mutter zu Hause unterrichtet.
b) Er verkaufte Getränke und Snacks im Zug.
c) Er druckte eine Zeitung mit den Nachrichten und verkaufte sie an die Fahrgäste im Zug.
d) Mit den 40 000 Dollar richtete er sich eine eigene Werkstatt ein.

e) Edisons Erfindung war die Glühbirne.

6 A – 6, B – 1, C – 2, D – 7, E – 3, F – 5, G – 4

Seite 46–48

1 **Mögliche Lösung:**
Marie wurde 1867 in Polen geboren und ist 1934 in Frankreich gestorben. Sie hat als erste Frau den Nobelpreis gewonnen, sogar gleich zwei Mal: in Physik und in Chemie. Marie Curie hat die Radioaktivität entdeckt.

3 In dem Text geht es um die Forscherin Marie Curie, die das Radium entdeckte und zwei Mal den Nobelpreis erhielt: für Physik und Chemie.

5 **Individuelle Lösung**

6 A: Ein kluges Kind, B: Studium in Frankreich, C: Die Entdeckung von Radium, D: Der zweite Nobelpreis, E: Aufnahme in das Panthéon

7 a) Marie wollte schon als Kind so viel wie möglich wissen.
b) Marie Curie zog nach Paris, weil Frauen in Polen nicht studieren durften.
c) Pierre und Marie Curie entdeckten ein chemisches Element: das Radium.
d) Mit ihren Forschungen kann zum Beispiel die Krankheit Krebs bekämpfen und Röntgenbilder machen.
e) Marie Curie erhielt zwei Mal den Nobelpreis: für Physik und für Chemie.

8 **Individuelle Lösung**

Seite 49–50

2 C: Mindmap, A: Zeitleiste, B: Lernplakat

3 Zeitleiste: 2; Lernplakat: 1; Mindmap: 3

5 Zeitleiste: B, E, F, G, H, J; Lernplakat: A, B, C, D, E, G, I, J, K, L; Mindmap: B, C, E, F, J

Seite 51

1 c) PREISE: Nobelpreise für: <u>Physik und Chemie</u>; IHR LEBEN: <u>geboren: 1867 in dem Land Polen, Ehemann: Pierre Curie, gestorben: 1934 in Frankreich</u>;
IHRE ENTDECKUNG: <u>das Radium</u>

3 **Individuelle Lösung**

Seite 52–53

1 X Es geht um einen Film über drei schwarze Frauen und die NASA.

3 In dem Text geht es um den Film „Hidden Figures“, der von drei schwarzen Frauen und ihrem Kampf um eine Karriere bei der NASA handelt.

5 **Individuelle Lösung**

6 a) Die NASA will Raumschiffe ins All schicken. Dafür braucht die NASA gut ausgebildete Mitarbeiter und Mitarbeiterinnen.
b) Alle drei sind schwarz und sie sind Frauen.
c) Die Rassen-Trennung bedeutete unter anderem, dass schwarze Menschen keine Karriere im Beruf machen konnten.
d) Die drei schwarzen Frauen kämpfen um eine Karriere bei der NASA.

Seite 54–55

1 X Gefängnis X Nobelpreis X Anwalt
X Herkunft Südafrika

3 a) + c) **Herkunft und Jugend:** geboren 1918 in Südafrika, Vater Häuptling, Flucht in die Stadt, Arbeit als Wachmann, Boxer und Anwalt; **Situation in Südafrika:** Apartheid: Trennung von Schwarzen und Weißen; **Kampf gegen die Apartheid:** Streiks, Demonstrationen, Beschädigung von Sachen; **Gefängnis:** 26 Jahre im Gefängnis; **Leben nach der Freilassung:** Entlassung mit 72 Jahren, 1993 Friedens-Nobelpreis, 1994 bis 1999 Präsident von Südafrika, gestorben im Jahr 2013
b) + d) **Individuelle Lösung**

Vor uns das Meer – den Inhalt eines Jugendbuches wiedergeben

Seite 56

3 C: Mahmoud, A: Josef, B: Isabel

Seite 57–60

2 Josef und seine Familie waren jüdisch. Seit 1933 regierten in Deutschland die Nationalsozialisten. Jüdinnen und Juden waren seitdem nicht mehr sicher, denn es gab Gewalt und Gesetze gegen sie.

4 X Josef und seine Familie werden nachts in ihrer Wohnung von Nazis überfallen.

5 X Er arbeitet als Anwalt, obwohl ein Gesetz diese Arbeit für Juden verbietet.

6 X Viele jüdische Häuser, Geschäfte und Synagogen werden zerstört.

7 In dem Auszug „Josef" aus dem Jugendbuch „Vor uns das Meer" von dem Autor Alan Gratz geht es um Josef und seine Familie. Die Familie ist jüdisch und muss Deutschland verlassen. Der Vater von Josef wird verhaftet und in ein Konzentrationslager gebracht.

8 A – 5, B – 3, C – 1, D – 4, E – 2

9 rot (Titel): „Vor uns das Meer"; blau (Autor): Alan Gratz; gelb (Textsorte): Jugendbuch; grün (Thema): ... Josef und seine Familie. Die Familie ist jüdisch und muss Deutschland verlassen. Der Vater von Josef wird verhaftet und in ein Konzentrationslager gebracht.

10 Jahr der Veröffentlichung

11 2020

Seite 61

1 Abschnitt 1 (Zeile 1–21): Überfall in der Wohnung; Abschnitt 2 (Zeile 22–39): Verhaftung des Vaters; Abschnitt 3 (Zeile 40–45): Reichskristallnacht; Abschnitt 4 (Zeile 46–56): Nicht mehr erwünscht

3 A: 4, B: 1, C: 3, D: 2

Seite 62

2 X nicht im Präsens geschrieben X wörtliche Rede verwendet X unsachlich formuliert

3
1 Josef und seine Familie werden in ihrer Wohnung überfallen.
2 Josef und seine Schwester Ruth haben panische Angst.
3 Nach sechs Monaten kommt ein Telegramm vom Vater.
4 Der Vater schreibt, dass er bald nach Hause kommt.

Seite 63–65

2 Viele Menschen in Kuba waren arm. Aber sie durften nicht in einem anderen Land Arbeit suchen. Die Menschen waren deshalb unzufrieden.

4 X Isabel spielt auf der Straße Trompete, als in Havanna ein Aufstand beginnt.

5 „Weg mit Castro!" „Genug ist genug!" „Nieder mit Fidel!"

6 Menschen, die Fidel Castro kritisieren, kommen ins Gefängnis.

7 Es kommen immer mehr Polizisten, um die Unruhen zu beenden. Die Polizisten schießen auf die Protestierenden.

Mit Worten können wir ... – über Kommunikation und Lernen nachdenken

1 Was fällt dir ein, wenn du an euren Umgang miteinander in der Klasse denkst? **Beantworte** die folgenden Fragen in deinem Heft.

a) Was gefällt dir gut am Umgang mit den anderen in deiner Klasse?
b) Was soll besser werden an eurem Umgang?

2 Setze dich mit positiven und negativen Einstellungen zur Schule auseinander. **Zeichne** ein lachendes Smiley ☺ neben Aussagen, die du positiv findest. **Zeichne** ein trauriges Smiley ☹ neben Aussagen, die du negativ findest.

Ich freue mich darauf, im neuen Schuljahr wieder meine Freundinnen und Freunde zu treffen.	
Ich fühle mich gestresst, wenn ich an die Klassenarbeiten im neuen Schuljahr denke.	
Ich finde es langweilig, Hausaufgaben zu machen und alleine zu lernen.	
Ich bin gespannt auf die Geschichten, die wir im Deutschunterricht lesen werden.	

3 Wie kann man eine negative Einstellung zur Schule verändern? **Kreuze** zwei Tipps **an,** die du für dich am wichtigsten findest.

- ☐ Lerne zusammen mit anderen, denn das macht mehr Spaß.
- ☐ Erinnere dich daran, wann und wofür dich jemand gelobt hat.
- ☐ Wenn du vor einer Klassenarbeit aufgeregt bist, denk an das, was du gut kannst.

In diesem Kapitel lernst du

- ein Gedicht zu lesen und über Sprache nachzudenken,
- Gespräche zu führen, ohne dass Streit entsteht, und
- Möglichkeiten kennen, wie du das Lernen und Klassenarbeiten positiv angehen kannst.

Was Worte alles können ... – über Sprache nachdenken

1 **Lies** das Gedicht oder hör es dir an.

Digital+
Audio
WES-127535-001

Hans Manz

Was Worte alles können

erklären
verraten
verschweigen
Missverständnisse ausräumen
täuschen
preisgeben
Misstrauen schaffen
Herzen öffnen
verletzen
trösten
verführen
verwirren
Zugang finden
auf taube Ohren stoßen
Barrieren überwinden
aufmuntern
vernichten
ablenken
ermüden
Zwietracht säen
Frieden stiften
nörgeln
angreifen
erheitern
traurig machen
enttäuschen
Erwartungen wecken
wärmen
u. s. w.

2 Schau dir die Bilder an. **Schreibe** unter jedes Bild ein passendes Wort aus dem Gedicht.

Ich wünsche mir, dass ...? – Kommunikation untersuchen

1 **Lies** die Aussagen in den Sprechblasen.

1 Hör auf zu drängeln! Stell dich hinten an. Jetzt bin ich dran.

2 Du störst mich. So kann ich mich nicht konzentrieren. Könntest du mich bitte in Ruhe lassen?

2 Zu welchen Situationen passen die Äußerungen? **Trage** die passenden Nummern in die Kreise **ein.**

3 Welche der beiden Äußerungen kann helfen, einen Streit zu vermeiden? **Schreibe** die passende Nummer in den Kreis.

4 Begründe, warum mit der Äußerung ein Streit vermieden werden kann. **Kreuze an.** Du kannst mehrere Kästchen ankreuzen.

- ☐ Das Gegenüber wird nicht angegriffen oder beleidigt.
- ☐ Das Anliegen wird als Bitte formuliert.
- ☐ Jemand ist wütend und brüllt laut.
- ☐ Es werden positive Formulierungen verwendet.

5 Welche Formulierung kann in der Situation am Schulkiosk helfen, einen Streit zu vermeiden? **Kreuze an.**

- ☐ „Immer drängelst du. Dein Platz ist hinten in der Schlange!“
- ☐ „Ich warte hier auch. Stell dich bitte hinten in der Schlange an.“
- ☐ „Du blöder Drängler! Stell dich hinten an, so wie alle anderen auch.“

6 In der Tabelle stehen Äußerungen von Schülerinnen und Schülern der Klasse 7a. **Lies** die Äußerungen.

1 Du bist doch bekloppt! Immer lachst du, wenn ich etwas sage.	☺	☹
2 Arbeite jetzt in der Gruppe mit, sonst gibt es echt Ärger.	☺	☹
3 Du hast hier einen Fehler gemacht, aber das ist nicht schlimm. Kann ich dir helfen?	☺	☹
4 Nur wegen deiner Quatscherei habe ich jetzt auch Ärger bekommen. Blödmann!	☺	☹
5 Ich möchte jetzt gerne allein sein. Könntest du bitte in das andere Zimmer gehen?	☺	☹
6 Du hast mich gerade unterbrochen. Bitte lass mich erst ausreden, dann bist du dran.	☺	☹
7 Immer bist du so laut! Jetzt hör endlich auf zu stören. Rede einfach nicht.	☺	☹

7 **Markiere** in der Tabelle das lachende Smiley ☺ bei positiven Äußerungen, die Streit vermeiden. **Markiere** das traurige Smiley ☹ bei negativen Äußerungen, die zu Streit führen können.

8 **Formuliere** in deinem Heft zwei negative Äußerungen aus der Tabelle in positive **Äußerungen um.** Die Lernbox hilft dir.

So gehst du vor

Gespräche führen und Streit vermeiden

Manchmal führen Gespräche zu Streit. Der Streit entsteht oft durch die Art der **Formulierungen:** zum Beispiel Beleidigungen oder Vorwürfe. Du kannst deine Anliegen aber auch so formulieren, dass **kein Streit** entsteht. Dazu kannst du ...

- ... in der **Ich-Form** formulieren,
- ... deine Gefühle mitteilen, **ohne** das Gegenüber **anzugreifen** oder **zu beleidigen,**
- ... deine Anliegen als **Wünsche** oder **Bitten** formulieren,
- ... **positive Formulierungen** verwenden, statt Vorwürfe zu machen (zum Beispiel „Sprich bitte etwas leiser, ich kann mich sonst nicht konzentrieren!“ statt „Immer bist du so laut!“).

Sprechen und Zuhören

1 **Lies** die Äußerungen in den Sprechblasen.

1 Du Trampel hast mein Etui runtergeschmissen. Bück dich mal und hebe die Stifte auf!

2 Deine Meinung zu dem Thema ist total bescheuert. Du hast echt keine Ahnung!

3 Quatsch nicht immer dazwischen, wenn wir reden. Du nervst einfach nur!

4 Du machst ständig Chaos bei der Gruppenarbeit. Such dir doch eine andere Gruppe!

2 Ersetze die negativen Äußerungen durch positive Äußerungen. **Schreibe** die passenden Formulierungen neben die Sprechblasen. Eine Sprechblase bleibt übrig.

Bitte arbeite in der Gruppe richtig mit, damit wir zu einem guten Ergebnis kommen. • Lass mich bitte erst ausreden, dann darfst du etwas sagen. • Ich habe eine andere Meinung zu dem Thema als du. Und zwar ...

3 **Formuliere** die Äußerung aus der Sprechblase **um,** die übrig geblieben ist. Die Sprachbox hilft dir.

Sprachbox

Ich habe mich geärgert, weil ... • Könntest du ...? • bitte

Ich schaffe das! – Positive Einstellungen entwickeln

1 **Lies** die Äußerung des Schülers.

Morgen schreiben wir eine Klassenarbeit. Ich kann das nicht! In dem Fach bin ich einfach immer schlecht.

2 Hast du schon einmal ähnliche Gedanken gehabt wie der Schüler? Wie geht es dir bei solchen Gedanken? **Kreuze an.**

- ☐ Ich habe Angst vor der Klassenarbeit.
- ☐ Ich will am Tag der Klassenarbeit nicht in die Schule gehen.
- ☐ Ich habe keine Lust zum Lernen, denn das ist eh sinnlos.
- ☐ Ich fühle mich gestresst.

Anna hat im Internet nach Tipps gesucht, wie man besser lernen kann. Dabei hat sie einen Text über positives Denken gefunden.

3 **Lies** den Text.

Denke positiv!

Unsere innere Haltung bestimmt stark, wie wir Dinge und Ereignisse sehen. Man kann positiv denken: „Ich schaffe das." Oder man kann negativ denken: „Ich schaffe das nicht."
Es macht einen Unterschied, ob wir positiv oder negativ denken. Wenn wir eine negative Haltung haben, fallen uns eher negative Dinge ein. Zum Beispiel denken wir an die Dinge, die wir in einem Fach noch nicht können. Dann finden wir Klassenarbeiten oft stressig. Wir denken, dass das Lernen eh sinnlos ist.
Wenn du über bestimmte Dinge oder dich selbst negativ denkst, kannst du das aber ändern. Du kannst lernen, positiver zu denken. Wenn man positiv denkt, findet man manche Dinge oder sich selbst besser. Dann gelingt einem auch mehr, als man zuerst gedacht hat. Und das führt dazu, dass man sich noch positiver wahrnimmt.

Vielleicht denkst du zum Beispiel: „In diesem Fach bin ich immer schlecht.“ Dann denkst du vor allem an mögliche Misserfolge. Das ist eine negative Haltung. Dann hast du Angst und fühlst dich gestresst. Hier sind ein paar Tipps, wie du zu einer positiveren Haltung kommen kannst:

- Überprüfe, ob deine negativen Gedanken wirklich stimmen. Frage dich: Stimmt „immer“ wirklich? Wann war es doch einmal anders? Hatte ich vielleicht auch schon Erfolge?
- Erinnere dich an Situationen, in denen etwas schwierig war und du es trotzdem geschafft hast.
- Gib negativen Gedanken eine positive Richtung. Denke zum Beispiel: „Ich kann in diesem Bereich schon ...“/„Ich habe schon mal ... gekonnt.“
- Schreibe auf, wie du eine schwierige Situation wie eine Klassenarbeit erfolgreich bewältigen kannst.

4 Was wird in dem Text über die Wirkung von Gedanken gesagt? **Kreuze an.**

	richtig	falsch
Unsere Gedanken bestimmen, wie wir Dinge und Ereignisse sehen.	☐	☐
Wenn wir negative Gedanken haben, fallen uns eher negative Dinge ein.	☐	☐
Wenn wir negative Gedanken haben, fallen uns Dinge ein, die wir gut können.	☐	☐
Positive Gedanken bewirken, dass man manche Dinge oder sich selbst besser findet.	☐	☐

5 Lies noch einmal die Äußerung des Schülers in Aufgabe 1. **Unterstreiche** im Text Tipps, die dem Schüler helfen können.

6 Denke an deine nächste Klassenarbeit und **beantworte** die folgenden Fragen in deinem Heft.

a) Welche schwierige Situation hast du schon einmal erfolgreich bewältigt?
b) Was hat in dem Fach einmal gut geklappt?
c) Was kannst du tun, um die nächste Klassenarbeit erfolgreich zu bewältigen?

Anders als die Anderen – Figuren aus Jugendbüchern vorstellen

1 Die Klasse 7a beschäftigt sich in einem Projekt mit Figuren aus Jugendbüchern. **Schau** dir ihre Ergebnisse **an.**

2 Mit welchen Figuren beschäftigt sich die Klasse? **Ordne** die Beschreibungen den Abbildungen A, B und C **zu.**

◯ Timm Thaler ist die Hauptfigur von dem Buch „Timm Thaler oder das verkaufte Lachen“. Das Besondere an Timm ist sein Lachen.

◯ Harry Potter ist die Hauptfigur von der Jugendbuchreihe „Harry Potter“. Harry ist ein Schüler an der Zaubererschule Hogwarts.

◯ Rico und Oskar sind die Hauptfiguren von dem Buch „Rico und Oskar“. Die Jungen sind sehr unterschiedlich, aber gute Freunde.

3 Mit welchem Buch und welcher Figur würdest du dich gern näher beschäftigen? **Schreibe auf.**

Buchtitel: ______________________________

Name der Figur: ______________________________

Das lernst du in diesem Kapitel

In diesem Kapitel lernst du
- den Inhalt von Auszügen aus einem Jugendbuch zu verstehen,
- Figuren zu beschreiben und
- die Beziehungen von Figuren zu untersuchen.

Stefanie Höfler: „Tanz der Tiefseequalle“ – Figuren aus einem Jugendbuch kennenlernen

1 **Lies** den Auszug aus dem Jugendbuch „Tanz der Tiefseequalle“ von Stefanie Höfler oder hör ihn dir an. Löse nach jedem Abschnitt die Aufgaben.

Digital+ Audio WES-127535-002

Am Anfang des Buches erzählt Sera. Sera sieht gut aus und ist in ihrer Klasse beliebt. Ihr Klassenkamerad Niko ist ziemlich übergewichtig. Deshalb wird er oft von anderen gemobbt.

(1) „Stell dir mal vor, du würdest so aussehen“, sagt Melinda zu mir. Kann mir echt nicht vorstellen, so auszusehen wie Niko. Aber klar starr ich ihn auch weiter an und schäm mich ein bisschen dafür. Ist allerdings ein nicht ganz ernst gemeintes Schämen, weil es zu einem guten Stück mit Erleichterung vermischt ist. Nämlich, dass ich nicht so ausseh wie Niko. Dass er Pech gehabt hat und ich Glück. Das Leben ist ungerecht. Ziemlich fies, ich weiß. Niko steht mitten auf der Wiese. Aber Niko steht da jetzt nicht freiwillig rum. Wer so aussieht, stellt sich nicht in die Mitte auf die Wiese. Kann ihn ja jeder sehen. Und sehen heißt in seinem Fall anglotzen. Eigentlich heißt er Nikolaus. Kein Wunder, dass er sich lieber Niko nennt, sieht ja aus wie ein junges Walross. Ist einfach insgesamt zu viel dran an seinem Körper. Dann weiße Haut, wie Papier, obwohl man nie viel davon zu sehen bekommt. Meistens ist er in langen Hosen und Pullover. In dunklen Farben, dunkelblau, schlammbraun und so. Klar, der will verstecken, was geht.

2 Was meint Sera damit, dass Niko „Pech gehabt“ hat und sie „Glück“? **Kreuze an.**

☐ Sera ist besser in der Schule als Niko.
☐ Niko ist dick und Sera ist froh, dass sie selbst dünn ist.
☐ Niko hat Kleidung in hässlichen Farben.

(2) Es ist jetzt nicht so, dass ich mir dauernd Gedanken über Niko mach. Ich vergess ihn immer, wenn nicht grad so was wie heute passiert. Auch wenn er in meiner Klasse ist, hatte ich eigentlich noch nichts mit ihm zu tun. Seine tiefe Stimme, die hat mich aber schon überrascht. Ist jedenfalls richtig tief und klar, die Stimme, irgendwie angenehm. Ja gut, und die Sache im Sportunterricht vor Kurzem. Dass der Dicke es im Sport nicht leicht hat, damit muss er rechnen.

Die Aktion mit dem Handtuch war aber überdurchschnittlich fies. Fand ich nicht okay, dass die andern ihm die Kleider weggenommen haben, während er geduscht hat. Und er musste dann im Handtuch über den ganzen Sportplatz. Im Sekretariat haben die ihm irgendwelche Kleider aus der Fundkiste gegeben, die hatte er dann den Rest des Tages an. Haben ihm natürlich nicht gepasst. Aber Niko, der kam ins Klassenzimmer, als wär nichts passiert. Sah nicht mal verheult aus. Hat sich einfach auf seinen Platz gesetzt mit der offenen Hose – muss man sich mal vorstellen, irgendwie fast schon cool. Die meisten haben natürlich gelacht, als er reinkam. Okay, ich auch, bisschen jedenfalls. Mitgelacht eben. Obwohl ich's nur mittelwitzig fand. Sagen wollt ich aber auch nichts, vielleicht wegen Marko.

3 Was meint Sera mit „der Sache im Sportunterricht"? **Kreuze an.**

☐ Nikos Mannschaft hat im Basketball verloren.
☐ Die Mitschüler haben Niko im Sportunterricht geschubst.
☐ Die anderen haben Nikos Kleidung gestohlen, als er nach dem Sport geduscht hat.

(3) Marko, Jan und ein paar andere haben Nikos Rucksack hoch in den Baum geworfen und jetzt lachen sie sich natürlich halb tot. „Bin gespannt, was er jetzt macht." Melinda kaut auf ihren Fingernägeln rum. „Räuberleiter", sag ich. Melinda kichert. Ich fass mich gern kurz. Fällt meistens gar nicht so auf, weil die anderen reden umso mehr. Niko steht unter dem Baum, Hände in den Hosentaschen, und schaut nach oben. Muss echt die Ruhe weg haben, der Typ. Der sieht gar nicht aufgeregt aus. Vielleicht überlegt er sich gerade verschiedene Möglichkeiten, wie er wieder an seine Sachen rankommt. Aber mal ehrlich, viele Möglichkeiten hat er nicht. Nicht halb so viele Möglichkeiten wie jemand, der dünn ist, jedenfalls. Ich, ich würd natürlich hochklettern. Würd aber vorher auch warten, bis alle weg sind. Muss ja nicht jeder wissen, dass ich gern auf Bäume kletter. Ich glaub, ich würd jetzt heulen, wenn ich der wäre. (verändert)

4 Warum steht Niko unter dem Baum? **Kreuze an.**

☐ Niko klettert gern auf Bäume.
☐ Ein paar Jungen haben Nikos Rucksack in den Baum geworfen.
☐ Niko wartet unter dem Baum auf seine Freunde Marko und Jan.
☐ Ein paar Jungen haben Nikos Kleidung in den Baum geworfen.

5 **Vervollständige** die Übersicht zu Sera. Der Wortspeicher und die farbigen Markierungen im Text helfen dir. Du kannst auch das Arbeitsblatt nutzen.

Digital+ Arbeitsblatt WES-127535-003

a) Suche im Text die passenden Informationen und schreibe sie in die linke Spalte.
b) Schreibe in die rechte Spalte die Nummer von dem Abschnitt, in dem du die Informationen gefunden hast.

Sera aus dem Jugendbuch „Tanz der Tiefseequalle" von Stefanie Höfler

		Abschnitt
Aussehen	______	______
Beziehung zu Niko	______	______
	______	______
	______	______
	______	______
	______	______
Verhalten und Charakter	______	______
	______	______

spricht nicht viel • denkt nicht viel über ihn nach • dünn, hübsch • mag seine Stimme • starrt ihn an, aber schämt sich dafür • klettert gern auf Bäume • findet es nicht okay, dass die anderen Niko mobben • lacht mit, wenn die anderen Niko auslachen

6 Was denkt Sera über Niko? **Vervollständige** den Lückentext.

Sera ist Niko meistens ______________. Sie ______________ ihn an, aber sie ______________ sich dafür. Als die anderen Niko ______________, lacht sie mit. Aber sie findet es nicht okay, dass die anderen ihn ______________. Außerdem ______________ sie Nikos Stimme.

mobben • egal • mag • auslachen • schämt • starrt • schämt

Niko – Informationen über eine Buchfigur zusammenstellen

1 **Lies** den Auszug aus dem Jugendbuch „Tanz der Tiefseequalle“ oder hör ihn dir an. Löse nach jedem Abschnitt die Aufgaben.

Digital+
Audio
WES-127535-004

In diesem Auszug erzählt Niko. Er überlegt, wie er seinen Rucksack vom Baum holen kann. Dabei hat er ein paar verrückte Ideen: zum Beispiel einen Sprunganzug, mit dem er auf den Baum springen will.

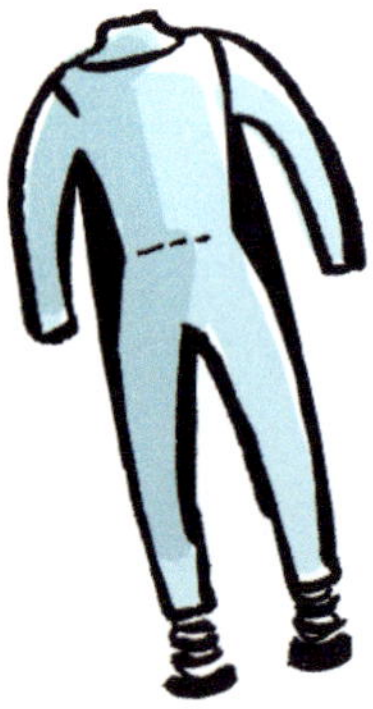

(1) Ich bin beinahe sofort auf die Idee mit dem Sprunganzug gekommen. In den Anzug würde man von oben hineinsteigen, und unten an den Füßen wären zwei Sprungfedern, die so empfindlich auf Druck reagieren, dass man damit genau so hoch springen kann, wie es gerade nötig ist. Bloß habe ich für den Sprunganzug gerade weder Material noch Zeit. Also warte ich auf das Klingeln und darauf, dass alle anderen ins Schulgebäude gehen.

2 Was macht Niko, als sein Rucksack im Baum hängt? **Kreuze an.**

☐ Er ärgert sich und weint.
☐ Er bittet jemand anderes, ihm zu helfen.
☐ Er hat die Idee, einen Sprunganzug zu entwickeln.

(2) Natürlich könnte ich behaupten, dass ich selber gar nicht daran denke, dass ich dick bin, nur wäre das leider gelogen. Ich weiß, dass ich dick bin und komisch aussehe: kräftige Schultern, dicke X-Beine und speckige Knie mit Grübchen wie bei einem Baby.
Ich weiß auch, dass mich manche Leute in der Klasse Mondgesicht nennen und andere noch viel unangenehmere Namen für mich haben. Ich bin ja nicht blöd. Manche Schimpfwörter hat todsicher jeder Dicke schon mal gehört: fette Sau, Fettsack, dickes Schwein, Tonne, Obelix, Dampfwalze. Dämlich, aber wenigstens einfallsreicher sind: Doppelarsch, Fettauge oder Schweinebauch. Ich höre immer, was andere über mich reden. Allerdings sind bei mir nur die Ohren empfindlich, ansonsten finde ich, dass ich viel aushalte. Ich überhöre Spitznamen und Angriffe, so gut ich kann. Und ich kann es eigentlich gar nicht so schlecht. Seit ein paar Jahren habe ich sogar das mit dem Heulen ziemlich gut unter Kontrolle.

3 Beantworte die Fragen zu der Figur Niko. **Kreuze an.**

a) Wie beschreibt Niko sein Aussehen?

☐ Er findet sich dünn und sportlich.
☐ Er findet, dass er ein komisches Gesicht hat.
☐ Er weiß, dass er einen dicken Körper und X-Beine hat.

b) Wie verhalten sich die anderen Niko gegenüber?

☐ Die anderen mögen Niko so, wie er ist.
☐ Die anderen reden über ihn und beleidigen ihn.
☐ Die anderen finden es toll, dass Niko Schimpfwörter benutzt.

c) Wie geht Niko damit um, dass die anderen sich so verhalten?

☐ Er überhört die Schimpfwörter und weint nicht.
☐ Er weint, wenn die anderen ihn Mondgesicht nennen.
☐ Er beleidigt selbst andere mit Schimpfwörtern.

Im nächsten Auszug erzählt Niko von Osman. Osman hat eine Autowerkstatt und ist ein Freund von Niko.

(3) Osman sagt, Sachen erfinden kann man auch, wenn man dick ist. Vielleicht sogar besser, weil man nicht über die Hälfte seiner Lebenszeit seinen eigenen Körper bewundern oder von anderen bewundern lassen muss. Und weil man sich im Alltag viel öfter etwas einfallen lassen muss als ein Dünner und so ständig seine Fantasie trainiert. Osman ist es nämlich, der mich mit seiner Begeisterung für verrückte Erfindungen überhaupt erst angesteckt hat. Osman kennt sich also aus mit absurden Erfindungen. Vor allem aber kennt er sich aus mit Dicksein – denn er ist schon fünfzehn Jahre länger dick als ich. (verändert)

4 Was erfährst du über Osman? **Kreuze an.**

☐ Osman ist ein Freund von Niko.
☐ Osman bewundert seinen eigenen Körper.
☐ Osman ist dünner als Niko.
☐ Osman ist auch dick und mag verrückte Erfindungen.
☐ Osman ist älter als Niko.

5 Welche Adjektive passen zu Nikos Charakter? **Markiere** in der Sprachbox drei passende Adjektive.

Sprachbox

Eigenschaften einer Figur benennen
schüchtern · erfinderisch · musikalisch · klug · gelassen · vorsichtig · hilfsbereit · verrückt · still · frech · schlau

Digital+
Arbeitsblatt
WES-127535-005

6 **Vervollständige** die Übersicht zu Niko. Der Wortspeicher und die farbigen Markierungen im Text helfen dir. Du kannst auch das Arbeitsblatt nutzen.

a) Suche im Text die passenden Informationen und schreibe sie in die linke Spalte.
b) Schreibe in die rechte Spalte die Nummer von dem Abschnitt, in dem du die Informationen gefunden hast.

Niko aus dem Jugendbuch „Tanz der Tiefseequalle" von Stefanie Höfler

		Abschnitt
Aussehen	____	____
	____	____
	____	____
	____	____
Beziehungen zu anderen	____	____
	____	____
Verhalten und Charakter	____	____
	____	____
	____	____
	____	____

erfinderisch • kräftige Schultern • Freund von Osman • schlau • dicke Beine • heult nicht • X-Beine • überhört Beleidigungen • mag verrückte Erfindungen • speckige Knie • wird von anderen gemobbt • dick

Sera – eine Figur beschreiben

1 **Lies** den Auszug aus dem Jugendbuch „Tanz der Tiefseequalle“ oder hör ihn dir an.

Digital+
Audio
WES-127535-006

In diesem Auszug erzählt Sera. Die Mittagspause ist zu Ende. Niko kommt später als die anderen zum Unterricht.

Jetzt mach ich mir echt Gedanken um Niko. Keine Ahnung, wieso plötzlich. Frag mich, ob er schon immer so war, so dick.
Wofür ich mich interessier? Musik, Kleidung, Filme. Sagt man so, klar. Der Rest ist Geheimnis. Das mit dem Klettern zum Beispiel. Ich pass auf, dass ich nicht auffalle, machen doch alle so. Ich sag also zum Beispiel, dass ich mit meinen Eltern Ärger hab, sie aber auch mag. Was so ungefähr hinkommt. Dass mir Schule ziemlich egal ist, aber auch nicht ganz. Was auch so ungefähr hinkommt. Dass mir meine Herkunft aus Ägypten wichtig ist. Ja, und ich liebe eben Ägypten, sag ich. Dabei war ich noch nie da. Wir reden Deutsch zu Hause.
Das Zusammensein mit den anderen, das mag ich an der Schule.
Ich pack mein Schulzeug ein. Bin wie immer die Langsamste. Nur Niko braucht noch länger. Melinda lacht immer über mich. „Bin halt perfektionistisch“, sag ich. Ist der einzige Tick, den ich mir leiste – die superaufgeräumte Schultasche. Muss sowieso allein nach Hause laufen, keiner geht in meine Richtung. Und vielleicht hat Farid schon die Haustreppe gefegt, wenn ich später komm, und ich muss es nicht mehr machen. Okay, das wär echt Zufall. Farid ist so faul wie alle älteren Brüder. (verändert)

2 **Beantworte** die folgenden Fragen. Gehe dabei so vor:

a) **Lies** die Fragen.

b) **Markiere** Textstellen, die dir beim Beantworten der Fragen helfen. Verwende die passenden Farben.

c) **Kreuze** die richtigen Antworten **an.**

Was erfährst du über Seras Familie und ihr Leben?

- ☐ kommt aus Ägypten
- ☐ spricht zu Hause Deutsch
- ☐ hat jüngere Schwester Melinda
- ☐ hat älteren Bruder Farid

Was interessiert Sera?

☐ Klettern ☐ Bücher ☐ Filme ☐ Kleidung ☐ Schule ☐ Musik

Welche Eigenschaften hat Sera?

☐ hilfsbereit ☐ perfektionistisch ☐ unordentlich

Wie sind Seras Beziehungen zu anderen?

☐ hat Ärger mit Eltern, mag sie aber
☐ macht sich Gedanken über Niko
☐ ist mit Melinda befreundet
☐ ist in Niko verliebt

Wie verhält sich Sera?

☐ passt auf, dass sie nicht auffällt
☐ packt ihr Schulzeug ordentlich ein
☐ hilft ihrem Bruder Farid

3 **Vervollständige** die Übersicht zu Sera. Du kannst auch das Arbeitsblatt nutzen.

Digital+
Arbeitsblatt
WES-127535-007

Sera aus dem Jugendbuch „Tanz der Tiefseequalle" von Stefanie Höfler

Familie und Leben	
Interessen	
Eigen- schaften	
Beziehungen zu anderen	
Verhalten	

4 **Vervollständige** die Beschreibung der äußeren Merkmale von Sera.

Sera ist eine Figur aus dem Jugendbuch „Tanz der Tiefseequalle“ von der Autorin Stefanie Höfler. Sera ist etwa 14 Jahre alt und geht in die

8. Klasse. Seras Familie kommt aus ______________________________.

Zu Hause spricht die Familie ______________________. Sera hat einen

______________________________, er heißt ________________________.

5 **Vervollständige** den Lückentext zu Seras Interessen und Eigenschaften, ihrem Verhalten und ihren Beziehungen zu anderen.

Sera interessiert sich für ____________________________________.

Sie ____________________ gern auf Bäume. Sera passt auf,

dass sie nicht ______________________. Wenn sie ihre Schultasche

packt, ist sie ___________________________. Sera hat Ärger mit ihren

_____________________, mag sie aber gern. Seras beste Freundin ist

____________________. Am Anfang der Geschichte ist Sera Niko egal.

Später macht sie sich aber _____________________________ über ihn.

Eine Buchfigur beschreiben

Beschreibe zuerst die **äußeren Merkmale** der Buchfigur:

- Wie sieht die Figur aus?
- Wie alt ist die Figur?
- Wo wohnt die Figur?
- Was weißt du über die Familie und das Leben der Figur?

Beschreibe dann die **Interessen,** die **Eigenschaften,** die **Beziehungen zu anderen** und das **Verhalten** der Figur:

- Was interessiert die Figur?
- Welche Eigenschaften hat die Figur?
- Wie sind ihre Beziehungen zu anderen?
- Wie verhält sich die Figur?

Lesen

Oft werden Eigenschaften von Figuren nicht direkt im Text genannt. Man muss genau lesen, was über die Figur erzählt wird.

1 Was verraten die folgenden Textstellen über Sera? **Verbinde** mit den passenden Eigenschaften.

Textstellen	Eigenschaften
A „Mitgelacht eben." (Seite 14, Zeile 34)	1 ordentlich
B „Ich fass mich gern kurz." (Seite 14, Zeile 39)	2 angepasst
C „Ich, ich würd natürlich hochklettern." (Seite 14, Zeile 46–47)	3 mutig
D „Ich glaub, ich würd jetzt heulen, wenn ich der wäre." (Seite 14, Zeile 48–49)	4 ruhig
E „Ist der einzige Tick, den ich mir leiste – die superaufgeräumte Schultasche." (Seite 19, Zeile 14–15)	5 mitfühlend

2 Was verraten die folgenden Textstellen über Niko? **Schreibe** passende Adjektive aus der Sprachbox unter die Textstellen.

a) „Natürlich könnte ich behaupten, dass ich selber gar nicht daran denke, dass ich dick bin, nur wäre das leider gelogen." (Seite 16, Zeile 8–10)

____

b) „Ich überhöre Spitznamen und Angriffe, so gut ich kann. Und ich kann es eigentlich gar nicht so schlecht." (Seite 16, Zeile 22–24)

____

Sprachbox

witzig · ehrlich · trotzig · gelassen · still · gerecht · mutig · klug · eingebildet · selbstbewusst · intelligent

Alles klar? – Teste dich selbst!

1 **Lies** den Auszug aus dem Jugendbuch „Tanz der Tiefseequalle“ oder hör ihn dir an. In dem Auszug erzählt Sera.

Digital+ Audio WES-127535-008

Marko, der ist das exakte Gegenteil von Niko. Marko macht Leichtathletik und hat so was Ähnliches wie den Sixpack, den alle Jungs unbedingt haben wollen. Und in Sport hat er natürlich keine Probleme, dafür in Mathe und Deutsch. Dann natürlich die lässige Frisur, so dicke schwarze Haare, seitlich ausrasiert und vorne fallen sie in die Stirn. Seit er diese Frisur hat, haben sich mindestens drei andere aus der Klasse dieselbe Frisur schneiden lassen. Blöde Ideen hat er dauernd, der geht allen Lehrern auf die Nerven. Manchen von uns auch, mir zum Beispiel, jedenfalls manchmal. Anscheinend findet er mich gut. Melinda sagt, wir könnten das Traumpaar der Klasse werden. Klingt ein bisschen neidisch, wenn sie das sagt. Ich weiß nicht. Hab noch nie einen Freund gehabt. Weiß ehrlich gesagt nicht mal, ob ich einen will. Marko, na ja, ich find den schon auch irgendwie gut. Alle finden den gut. Marko, Jan und ein paar andere haben Nikos Rucksack hoch in den Baum geworfen und jetzt lachen sie sich natürlich halb tot. (verändert)

2 **Kreuze** die richtigen Antworten **an.**

Wie sieht Marko aus?

☐ dick ☐ lässige Frisur ☐ schwarzhaarig ☐ trainiert
☐ schlank ☐ blond ☐ langhaarig

Welche Eigenschaften hat Marko?

☐ unordentlich ☐ sportlich ☐ hat blöde Ideen

Wie sind Markos Beziehungen zu anderen?

☐ Er findet Melinda gut. ☐ Alle finden ihn gut.
☐ Er findet Sera gut. ☐ Er nervt andere.

Wie verhält sich Marko?

☐ Er ist nett zu Niko. ☐ Er wirft Nikos Rucksack in den Baum.
☐ Er lacht Niko aus. ☐ Er holt Nikos Rucksack vom Baum.

3 **Vervollständige** die Übersicht zu Marko. Du kannst auch das Arbeitsblatt nutzen.

Digital+
Arbeitsblatt
WES-127535-009

Marko aus dem Jugendbuch „Tanz der Tiefseequalle“ von Stefanie Höfler

Aussehen	______________________________ ______________________________
Eigen-schaften	______________________________ ______________________________
Beziehungen zu anderen	______________________________ ______________________________
Verhalten	______________________________ ______________________________

4 Beschreibe das Aussehen, die Eigenschaften, das Verhalten von Marko und seine Beziehungen zu anderen. **Vervollständige** den Lückentext.

Marko ist eine Figur aus dem Buch „Tanz der Tiefseequalle“ von der Autorin Stefanie Höfler. Er hat einen ______________ und ______________ Körper. Seine Haare sind ______________ und er hat eine ______________ Frisur. Marko ist ______________ und macht Leichtathletik. In der Schule hat er oft ______________ Ideen. Damit ______________ er die Lehrer und oft auch seine Mitschüler und Mitschülerinnen. Trotzdem finden ihn die anderen ______________. Er selbst findet ______________ gut. Marko mobbt ______________: Er ______________ Nikos Rucksack in den Baum und ______________ ihn aus.

trainierten • sportlich • schlanken • blöde • lässige • schwarz • nervt • gut • lacht • Sera • Niko • wirft

Jetzt bist du dran! – Eine Figur aus einem Jugendbuch vorstellen

Stelle eine Figur aus einem Jugendbuch vor, die du besonders interessant findest. Im Folgenden findest du Hinweise, wie du dabei vorgehen kannst.

1 **Suche** dir ein Buch **aus,** das dich interessiert. Einige Vorschläge findest du auf Seite 12.

2 Mit welchem Buch und welcher Figur würdest du dich gern näher beschäftigen? Worum geht es in dem Buch? **Schreibe auf.**

Name der Figur: ______________________________

Buchtitel: ______________________________

In dem Buch geht es um ______________________________

____

____

3 Mache dir in einem Heft Notizen, wenn du das Buch liest. **Beantworte** dabei die folgenden Fragen.

- Wie sieht die Figur aus?
- Wie alt ist die Figur?
- Wo wohnt die Figur?
- Was erfährst du über die Familie und das Leben der Figur?
- Was interessiert die Figur?
- Welche Eigenschaften hat die Figur?
- Wie sind ihre Beziehungen zu anderen?
- Wie verhält sich die Figur?

4 **Erzähle** jemand anderem über die Figur.

a) Nenne den Titel des Buches.
b) Erzähle kurz, worum es in dem Buch geht.
c) Nenne den Namen der Figur, die du vorstellen möchtest.
d) Erzähle über die Figur. Nutze dabei deine Antworten auf die Fragen zu der Figur.

Spannende Geschichten in Versen – Balladen kennenlernen und erschließen

1 **Schau** dir die Bilder **an.** Überlege, worum es in den Balladen gehen könnte.

1 ____________________

2 ____________________

3 ____________________

4 ____________________

2 **Schreibe** die folgenden Balladentitel unter die passenden Bilder.

A Der Handschuh

B Der Maulwurf

C John Maynard

D Die Sache mit den Klößen

Das lernst du in diesem Kapitel

In diesem Kapitel lernst du
- Balladen zu lesen und zu verstehen,
- Inhalte von Balladen wiederzugeben und
- Merkmale von Balladen zu benennen.

„Doch er griff tapfer in den Topf“ – eine Ballade lesen und verstehen

1 Die folgende Ballade heißt „Die Sache mit den Klößen“. Woran denkst du bei dem Titel? **Kreuze an** oder **schreibe** einen eigenen Gedanken **auf.**

☐ an Weihnachten ☐ an ein Wettessen ☐ an mein Lieblingsessen

____

2 **Lies** die Ballade oder hör sie dir an. Löse die Aufgaben nach den Strophen.

Digital+
Audio
WES-127535-010

Digital+
Arbeitsblatt
WES-127535-011

Die Sache mit den Klößen
Erich Kästner

(1) Der Peter war **ein Renommist***.
Ihr wisst vielleicht nicht, was das ist.
Ein Renommist, das ist ein Mann,
der viel verspricht und wenig kann.

* ein Angeber

(2) Wer fragte: „Wie weit springst du, Peter?“
bekam zur Antwort: „Sieben Meter.“
In Wirklichkeit – Kurt hat’s gesehn –
sprang Peter bloß drei Meter zehn.

(3) So war es immer: Peter log,
dass sich der stärkste Balken bog.
Und was das Schlimmste daran war:
Er glaubte seine Lügen gar!

3 Welche Aussagen über Peter treffen zu? **Kreuze an.**

	richtig	falsch
Peter ist gut in Sport.	☐	☐
Peter erzählt, dass er toll ist, obwohl er nicht viel kann.	☐	☐
Peter ist ein Lügner und Angeber.	☐	☐
Andere merken nicht, dass Peter lügt.	☐	☐
Peter weiß selbst, dass er lügt.	☐	☐

(4) Als man einmal vom Essen sprach,
da dachte Peter lange nach.
Dann sagte er mit stiller Größe:
„Ich esse manchmal dreißig Klöße."

(5) Die anderen Kinder lachten sehr,
doch Peter sprach: „Wenn nicht noch mehr!"
„Nun gut," rief Kurt, „wir wollen wetten!"
(Wenn sie das bloß gelassen hätten.)

(6) Der Preis bestand, besprachen sie,
in **einer Taschenbatterie***.
Die Köchin von Kurts Eltern kochte
die Klöße, wenn sie's auch nicht mochte.

* eine Batterie von früher, die man an verschiedene Geräte anschließen konnte

4 Was behauptet Peter? **Kreuze an.**

☐ Peter behauptet, dass er mehr als dreißig Klöße essen kann.
☐ Peter behauptet, dass er dreißig Klöße essen kann.

(7) Kurts Eltern waren ausgegangen.
So wurde endlich angefangen,
Vom ersten bis zum fünften Kloß,
da war noch nichts Besonders los.

(8) Die anderen Kinder saßen stumm
um Peter und die Klöße rum.
Beim siebenten und achten Stück
bemerkte Kurt: „Er wird schon dick."

(9) Beim zehnten Kloß ward Peter weiß
und dachte: Kurt erhält den Preis.
Ihm war ganz schlecht, doch tat er heiter
und aß, als ob's ihm schmeckte, weiter.

5 Gib den Inhalt von Strophe 9 wieder. **Ergänze** den Lückentext.

Nach dem zehnten Kloß wird Peter ____________. Er denkt: Kurt ________________ die Wette. Aber Peter tut so, als ob ihm die Klöße ________________ würden und er ______________ weiter.

(10) Er schob die Klöße in den Mund
und wurde langsam kugelrund.
Der Anzug wurde langsam knapp.
Die Knöpfe sprangen alle ab.

(11) Die Augen quollen aus dem Kopf.
Doch griff er tapfer in den Topf.
Nach fünfzehn Klößen endlich sank
er stöhnend von der Küchenbank.

6 Was passiert in den Strophen? **Kreuze an.**

☐ Peter geht es nach 15 Klößen immer noch gut.
☐ Nach 15 Klößen bricht Peter zusammen.

(12) Die Köchin Hildegard erschrak,
als er so still am Boden lag.
Dann fing er grässlich an zu husten,
dass sie den Doktor holen mussten.

(13) „Um Gottes willen", rief er aus,
„der Junge muss ins Krankenhaus."
Vier Klöße steckten noch im **Schlund***.
Das war natürlich ungesund.

* der Hals

(14) Mit Schmerzen und für teures Geld
ward Peter wiederhergestellt.
Das Renommieren* hat zu Zeiten
auch seine großen **Schattenseiten***.

* das Angeben
* die Nachteile

7 Was passiert zum Schluss? Lies die Zusammenfassungen und **unterstreiche** die passenden Stellen in den letzten drei Strophen.

Peter geht es schlecht und der Arzt wird geholt.
Peter muss ins Krankenhaus, denn ihm stecken vier Klöße im Hals.
Peter bekommt eine teure Behandlung und wird wieder gesund.

8 Was bedeutet der letzte Satz in Strophe 14? **Kreuze an.**

☐ Mit Angeben kann man andere beeindrucken.
☐ Angeben kann auch Nachteile haben.

„Ei, so hebt mir den Handschuh auf“ – sich mit einer Ballade auseinandersetzen

1 **Lies** die Ballade oder hör sie dir an. Löse die Aufgaben nach den Strophen.

Digital+ Audio WES-127535-012

Digital+ Arbeitsblatt WES-127535-013

Der Handschuh
Friedrich Schiller

(1) Vor seinem Löwengarten,
Das Kampfspiel zu erwarten,
Saß König Franz,
Und um ihn **die Großen der Krone***,
Und rings auf hohem Balkone
Die Damen in schönem Kranz*.

* hohe Adelige
* schöne junge Frauen

2 Welche Personen kommen in Strophe 1 vor? **Kreuze an.**

☐ schöne Damen ☐ König Franz ☐ ein Zauberer ☐ Adelige

(2) Und wie **er winkt mit dem Finger***,
Auf tut sich **der weite Zwinger***,
Und hinein **mit bedächtigem Schritt***
Ein Löwe tritt,
Und sieht sich stumm
Rings um,
Mit langem Gähnen,
Und schüttelt die Mähnen,
Und streckt die Glieder,
Und legt sich nieder.

* Er befiehlt.
* der große Käfig
* langsam gehend

(3) Und der König winkt wieder,
Da öffnet sich **behend***
Ein zweites Tor,
Daraus rennt
Mit wildem Sprunge
Ein Tiger hervor,
Wie der den Löwen erschaut*,
Brüllt er laut,
Schlägt mit **dem Schweif***
Einen furchtbaren **Reif***,
Und recket die Zunge,

* schnell

* als er den Löwen sieht
* der Schwanz
* der Kreis

Und im Kreise **scheu*** * ängstlich
Umgeht er **den Leu*** * der Löwe
Grimmig schnurrend;
Drauf streckt er sich murrend
Zur Seite nieder.

(4) Und der König winkt wieder,
Da **speit*** das doppelt geöffnete Haus * spucken
Zwei Leoparden auf einmal aus,
Die stürzen mit mutiger
Kampfbegier
Auf das Tigertier,
Das packt sie mit seinen grimmigen Tatzen,
Und der Leu mit Gebrüll
Richtet sich auf, da wird's still,
Und herum im Kreis,
Von Mordsucht heiß,
Lagern sich die **greulichen*** Katzen. * schrecklich

3 Beantworte die Fragen zu den Strophen 2 bis 4. **Kreuze an.**

a) Was passiert, wenn der König winkt?

☐ Die Damen verneigen sich. ☐ Die Tiere kommen aus dem Käfig.

b) Welche Tiere lässt der König herein?

☐ einen Tiger ☐ einen Wolf ☐ zwei Leoparden
☐ einen Fuchs ☐ einen Löwen

4 Stell dir vor, du bist ein Zuschauer. Was beobachtest du? **Vervollständige** den Text.

Der König befiehlt, dass der ____________________ geöffnet werden soll. Langsam kommt ____________________ heraus. Danach springt ____________________ heraus. Dann kommen zwei ____________________. Die Tiere ______________ gegeneinander und ______________ laut.

(5) Da fällt **von des Altans Rand***
Ein Handschuh von schöner Hand*
Zwischen den Tiger und den Leun
Mitten hinein.

* vom Rand des Balkons
* ein Handschuh von einer schönen Frau

(6) Und zu Ritter Delorges spottenderweis
Wendet sich Fräulein Kunigund:
„Herr Ritter, ist Eure Liebe so heiß,
Wie Ihr mir's schwört zu jeder Stund,
Ei, so hebt mir den Handschuh auf."

5 Was sagt Fräulein Kunigunde zu Ritter Delorges? **Kreuze an.**

- ☐ „Mir ist der Handschuh heruntergefallen. Bitte seien Sie so nett und heben Sie ihn auf."
- ☐ „Wenn Sie mich wirklich so sehr lieben, wie Sie mir immer sagen, heben Sie den Handschuh für mich auf."

(7) Und der Ritter in schnellem Lauf
Steigt hinab in den furchtbarn Zwinger
Mit festem Schritte,
Und aus der Ungeheuer Mitte
Nimmt er den Handschuh mit **keckem*** Finger.

* frech, mutig

(8) Und mit Erstaunen und mit Grauen
Sehen's die Ritter und Edelfrauen,
Und gelassen bringt er den Handschuh zurück.
Da **schallt ihm sein Lob*** aus jedem Munde,
Aber mit zärtlichem Liebesblick –
Er **verheißt*** ihm sein nahes Glück –
Empfängt ihn Fräulein Kunigunde.
Und er wirft ihr den Handschuh ins Gesicht:
„Den Dank, Dame, **begehr*** ich nicht",
Und verlässt sie zur selben Stunde.

* Er wird gelobt.
* ankündigen
* wollen

6 Was passiert in den letzten beiden Strophen? **Kreuze an.**

- ☐ Delorges steigt in den Käfig und holt den Handschuh.
- ☐ Delorges gibt Kunigunde lächelnd den Handschuh.
- ☐ Delorges ärgert sich über Kunigunde.
- ☐ Delorges und Kunigunde heiraten.

7 **Lies** die Zusammenfassung der Ballade. Die Reihenfolge ist durcheinandergeraten.

A
Delorges steigt herunter in die Arena und hebt den Handschuh auf. Die Ritter und adeligen Damen bewundern und loben ihn dafür. Kunigunde schaut Delorges verliebt an.

B
Es soll ein Raubtierkampf stattfinden. König Franz sitzt mit Rittern und schönen adeligen Damen auf einem Balkon über der Raubtierarena.

C
Ein Tiger kommt in die Arena und zuletzt kommen zwei Leoparden herein. Die Raubtiere kämpfen gegeneinander und brüllen laut.

D
Fräulein Kunigunde lässt ihren Handschuh in die Arena fallen. Kunigunde will, dass der Ritter Delorges den Handschuh aufhebt. Dadurch soll Delorges seine Liebe beweisen.

E
König Franz befiehlt, dass ein Löwe in die Arena gelassen werden. Der Löwe gähnt, schüttelt sich und legt sich dann hin.

F
Delorges wirft Fräulein Kunigunde den Handschuh ins Gesicht. Er will keinen Dank von Kunigunde hören. Delorges trennt sich von Kunigunde.

8 Bringe die Zusammenfassung in die richtige Reihenfolge. **Schreibe** die Nummern 1, 2, 3, 4, 5 und 6 unter die Buchstaben.

A	B	C	D	E	F

9 **Schreibe** die Zusammenfassung in der richtigen Reihenfolge in dein Heft.

10 Wie findest du Fräulein Kunigunde? **Schreibe** zwei Sätze.

____

____

____

eingebildet • gemein • hochmütig

Lesen

1 Zu der Ballade „Der Handschuh“ gibt es Worterläuterungen. **Unterstreiche** die Worterläuterungen zur ersten Strophe.

(1) Vor seinem Löwengarten,
Das Kampfspiel zu erwarten,
Saß König Franz,
Und um ihn **die Großen der Krone***, — * hohe Adelige
Und rings auf hohem Balkone
Die Damen in schönem Kranz*. — * schöne junge Frauen

2 Wozu dienen die Worterläuterungen? **Kreuze an.**

- ☐ Worterläuterungen liefern zusätzliche Informationen.
- ☐ Worterläuterungen erklären die Bedeutung schwieriger Wörter.

Worterläuterungen stehen auch in Wörterbüchern.

3 In welcher Reihenfolge stehen die folgenden Wörter im Wörterbuch? **Schreibe** die Wörter in der richtigen Reihenfolge in dein Heft.

Altan, der — Schweif, der — keck — schallen — begehren

4 Suche im Wörterbuch nach drei Wörtern aus Aufgabe 3. **Schreibe** die Bedeutung in dein Heft.

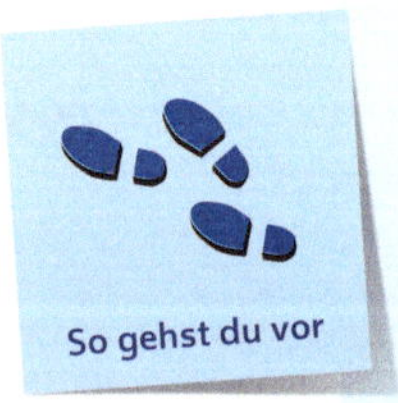

Im Wörterbuch nachschlagen

In einem Wörterbuch sind die Wörter nach dem Alphabet geordnet:
Adler steht vor **Berg, Dach** vor **Esel, Prinzessin** vor **Quark.**
Wenn Wörter mit den gleichen Buchstaben anfangen, musst du auf die folgenden Buchstaben achten:
Bauch steht vor **Bein, froh** steht vor **Frucht, laufen** steht vor **laut.**
Bei Nomen steht der Artikel nach dem Wort.
Zum Beispiel: **Musik, die**

Gedicht, Erzählung und Drama – Merkmale einer Ballade kennen

1 Eine Ballade hat Merkmale von lyrischen Texten, erzählenden Texten und dramatischen Texten. Was ist damit gemeint? **Kreuze** jeweils die richtigen Beispiele **an.**

Lyrische Texte sind zum Beispiel:

☐ Märchen ☐ Gedichte ☐ Haikus ☐ Elfchen

Erzählende Texte sind zum Beispiel:

☐ Romane ☐ Märchen ☐ Zeitungsartikel

Dramatische Texte sind zum Beispiel:

☐ Theaterstücke ☐ Dramen ☐ Sachtexte

2 In Strophe 6 aus der Ballade „Der Handschuh“ sind einige Textstellen markiert. Sind die Textstellen lyrisch, erzählend oder dramatisch? **Schreibe** auf die Linien. Die Lernbox hilft dir.

(6) Und zu Ritter Delorges spottenderweis → ____________________
Wendet sich Fräulein Kunigund:
„Herr Ritter, ist Eure Liebe so heiß, → ____________________
Wie Ihr mir's schwört zu jeder Stund,
Ei, so hebt mir den Handschuh auf.“ → ____________________

Die Merkmale einer Ballade

Balladen sind Erzählgedichte. Sie **erzählen** eine **Geschichte,** haben aber die **Form von Gedichten.** Balladen haben **Merkmale** von drei literarischen Bereichen:

- von lyrischen Texten: Eine Ballade enthält wie ein Gedicht Reime, Verse, Strophen und sprachliche Bilder.
- von erzählenden Texten: Eine Ballade erzählt meistens eine Geschichte mit verschiedenen Figuren.
- von dramatischen Texten: Eine Ballade enthält meistens wie ein Theaterstück Monologe und Dialoge. Die Handlung ist oft dramatisch spannend aufgebaut.

Das kannst du dir merken

„John Maynard" – sich über die Entstehung einer Ballade informieren

1 Schau dir das Bild und die Karte an. Worum geht es in der Ballade? **Kreuze an.**

☐ Es geht um ein Flugzeug, das „Schwalbe" heißt.
☐ Es geht um ein Schiff, das „Schwalbe" heißt.
☐ In der Ballade kommt ein Steuermann vor.
☐ In der Ballade kommt ein Pirat vor.
☐ Ein Schiff fährt von Buffalo nach Cleveland.
☐ Ein Schiff fährt von Detroit nach Buffalo.

2 **Lies** die Ballade oder hör sie dir an.

Digital+
Audio
WES-127535-014

Digital+
Arbeitsblatt
WES-127535-015

John Maynard
Theodor Fontane

(**1**) John Maynard!

„Wer ist John Maynard?"

„John Maynard war unser Steuermann,
aus hielt er, bis er das Ufer gewann,
er hat uns gerettet, er trägt die Kron',
er starb für uns, unsre Liebe sein Lohn.
John Maynard."

3 Beantworte die Fragen zur ersten Strophe. **Kreuze an.**

a) Wer war John Maynard?

☐ John Maynard war ein Kapitän. ☐ John Maynard war Steuermann.

b) Was hat John Maynard getan?

☐ Er hat das Schiff verlassen. ☐ Er hat alle anderen gerettet.

c) Was ist mit John Maynard passiert?

☐ Er ist gestorben. ☐ Er hat sich und die anderen gerettet.

(2) Die **„Schwalbe“*** fliegt über den Eriesee,
Gischt schäumt um den Bug wie Flocken von Schnee,
von **Detroit*** fliegt sie nach **Buffalo*** –
die Herzen aber sind frei und froh,
und die Passagiere mit Kindern und Fraun
im Dämmerlicht schon das Ufer schaun,
und plaudernd an John Maynard heran
tritt alles: „Wie weit noch, Steuermann?“
Der schaut nach vorn und schaut in die Rund:
„Noch dreißig Minuten ... halbe Stund.“

* das Schiff, auf dem John Steuermann ist

* zwei Städte in den USA

(3) Alle Herzen sind froh, alle Herzen sind frei –
da klingt’s aus dem Schiffsraum her wie ein Schrei,
„Feuer!“ war es, was da klang,
ein Qualm aus **Kajüt’*** und **Luke**** drang,
ein Qualm, dann Flammen lichterloh,
und noch zwanzig Minuten bis Buffalo.

* Wohn- und Schlafraum auf einem Schiff
** Tür der Kajüte

(4) Und die Passagiere, buntgemengt,
am **Bugspriet*** stehn sie zusammengedrängt,
am Bugspriet vorn ist noch Luft und Licht,
am Steuer aber lagert sich’s dicht,
und ein Jammern wird laut: „Wo sind wir? wo?“
Und noch fünfzehn Minuten bis Buffalo. –

* lange Holzstange vorn am Schiff

4 Was passiert auf dem Schiff „Schwalbe“? Bringe die Sätze in die richtige Reihenfolge. **Schreibe** dazu in die Kreise die Nummern 1, 2, 3, 4 und 5.

◯ Das Schiff fängt an zu brennen.
◯ Die Passagiere stehen am Bugspriet, wo noch wenig Rauch ist.
◯ Die Passagiere plaudern mit dem Steuermann.
◯ Der Steuermann sagt, dass das Schiff in 30 Minuten ankommt.
◯ Das Schiff fährt schnell über den Eriesee.

(5) Der Zugwind wächst, doch die Qualmwolke steht,
der Kapitän nach dem Steuer späht,
er sieht nicht mehr seinen Steuermann,
aber durchs Sprachrohr fragt er an:
„Noch da, John Maynard?" „Ja, Herr. Ich bin."
„Auf den Strand! In die Brandung!" „Ich halte drauf hin."
Und das Schiffsvolk jubelt: „Halt aus! Hallo!"
Und noch zehn Minuten bis Buffalo. – –

(6) „Noch da, John Maynard?" Und Antwort schallt's
mit ersterbender Stimme: „Ja, Herr, ich halt's!"
Und in die Brandung, was Klippe, was Stein,
jagt er die „Schwalbe" mitten hinein.
Soll Rettung kommen, so kommt sie nur so.
Rettung: der Strand von Buffalo!

(7) Das Schiff **geborsten***. Das Feuer **verschwelt****.
Gerettet alle. Nur einer fehlt!

* zerbrochen
** ausgegangen

5 Was passiert in den Strophen 5 bis 7? **Kreuze an.**

☐ Der Steuermann steht mitten im Qualm.
☐ Der Kapitän fragt, ob der Steuermann noch da ist.
☐ Der Steuermann steuert das Schiff ins Meer hinaus.
☐ Das Schiff zerbricht an den Klippen.
☐ Niemand außer dem Steuermann wird gerettet.

(8) Alle Glocken gehn; ihre Töne schwelln
himmelan aus Kirchen und Kapelln,
ein Klingen und Läuten, sonst schweigt die Stadt,
ein Dienst nur, den sie heute hat:
Zehntausend folgen oder mehr,
und kein Aug' im Zuge, das tränenleer.

(9) Sie lassen den Sarg in Blumen hinab,
mit Blumen schließen sie das Grab,
und mit goldner Schrift in den Marmorstein
schreibt die Stadt ihren Dankspruch ein:
„Hier ruht John Maynard! In Qualm und Brand
hielt er das Steuer fest in der Hand,
er hat uns gerettet, er trägt die Kron',
er starb für uns, unsre Liebe sein Lohn. John Maynard."

6 **Ergänze** die Inhaltsangabe zu der Ballade.

In der Ballade ______________________________ geht es um ein ______________________. Das Schiff fährt von ______________________ nach ______________________. Am Anfang der Fahrt sind die Passagiere ______________________. Doch dann bricht ______________________ aus. Die Passagiere stehen ____________ auf dem Schiff. Dort ist noch nicht so viel ______________________. ______________________ kann den Steuermann nicht mehr sehen. Er fragt den Steuermann: „______________________________________“ Der Steuermann ______________________________. Er steuert das Schiff ______________ ______________________________. Das Schiff ______________________________. Alle Passagiere werden ______________________. Nur John Maynard ______________________. Die Ballade endet mit seinem ______________________.

Schiffsunglück • Detroit • gibt nicht auf • „John Maynard“ • fröhlich • vorn • Qualm • Buffalo • gerettet • Der Kapitän • zerbricht • ein Feuer • Noch da, John Maynard? • stirbt • Begräbnis • in die Brandung

7 Die Ballade „John Maynard“ beruht auf einem tatsächlichen Ereignis. **Lies** den Text über den Hintergrund der Ballade.

Der historische Hintergrund

Ein Schiff mit dem Namen „Erie“ befand sich auf dem Weg von Buffalo nach Erie. Plötzlich brach ein Feuer aus. Der Kapitän befahl daraufhin seinem Steuermann, Luther Fuller, das Schiff in die Brandung zu steuern. Das Schiff konnte die Küste aber nicht mehr rechtzeitig erreichen. Bei dem Unglück starben fast alle Passagiere. Man weiß heute nicht genau, ob der Steuermann überlebte oder ob er starb.

8 In dem Informationstext gibt es einige Unterschiede zur Ballade „John Maynard“. **Unterstreiche** im Text die Stellen, die sich von der Ballade unterscheiden.

Alles klar? – Teste dich selbst!

Digital+ Audio WES-127535-016

1 **Lies** die Ballade oder hör sie dir an.

Der Maulwurf muss weg!
Hans Scheibner

(1) Herr Kremer sah zum Fenster raus
aus seinem eignen Eigenhaus.
Und wohlgefällig ruht sein Blick
auf seines Rasens Musterstück.
So frisch gemäht, so ordentlich,
so grün, ach, man beschreibt es nicht!
Da plötzlich! Nein, das darf nicht sein!
„He, Klara!" Klara stürzt herein.
„Nun sieh doch mal! O Gott, o Schreck!"
Der Maulwurf muss weg!

(2) Herr Kremer auf den Rasen lief
zum Maulwurfshügel. Und er rief:
„Du Kreatur! Du frecher Hund!
Du Wühler in dem Untergrund!
Du wagst es, diesen Rasen hier,
das Meisterwerk, die Gartenzier
zu schänden! Hiermit sag' ich dir
zum letzten Mal: Verschwinde hier!
Komm raus, komm raus aus dem Versteck!"
Der Maulwurf, der muss weg!

(3) Die ganze Nacht Herr Kremer stand
mit seinem Spaten in der Hand.
Wo sich was rührt im Mondschein,
da rief er: „Ha!" und stieß hinein.
„Verflucht! Wer meine Ordnung stört,
ist diese heile Welt nicht wert!"
Doch morgens weh! Was ist geschehn?
Zwei neue Hügel muss er sehn!
„Mein Heiligtum! Mein Lebenszweck!"
Der Maulwurf muss weg!

(4) Herr Kremer schwor und lief herum:
„Ich bring dich um! Ich bring dich um!"
Ließ Wasser aus dem Gartenschlauch
ins Erdreich ein. Kroch auf dem Bauch.
Pumpt Auspuffgase in den Bau.
Im Töten ist Herr Kremer schlau.
Doch da! Im Morgensonnenschein:
Drei neue Hügel! „Nein! Nein! Nein!
Du Teufel, du! Verreck! Verreck!"
Der Maulwurf muss weg!

(5) „Das einer Recht und Sauberkeit
frech zu missachten sich nicht scheut!"
Herr Kremer rief: „Ich kriege ihn!"
Goss auf den Rasen das Benzin.
Die Flammen schlugen hoch hinauf.
Sogar bis zu dem Dachstuhl rauf.
Das ganze Haus ist abgebrannt.
Herr Kremer in der Asche stand.
Herr Kremer tanzte froh und keck:
Der Maulwurf ist weg!

2 Zu welcher Strophe passt das Bild auf der vorigen Seite? **Trage** beim Bild die richtige Nummer **ein.**

3 **Ergänze** die Inhaltsangabe zu der Ballade.

weg • Haus • Maulwurf • Benzin • Maulwurfs-Hügel • kaputt

In der Ballade „Der Maulwurf muss weg!“ vom Autor Hans Scheibner geht es um Herrn Kremer und einen ______________________. Der Maulwurf macht den Rasen ______________. Herr Kremer will, dass der Maulwurf verschwindet. Er zerstört die ______________________ ______________. Aber der Maulwurf baut immer wieder neue Hügel. Zum Schluss gießt Herr Kremer ______________ auf den Rasen und zündet es an. Dabei brennt das ganze ______________ ab. Herr Kremer freut sich trotzdem, denn der Maulwurf ist ______________.

4 Beantworte die folgenden Fragen. **Kreuze** die richtige Antwort **an.**

a) Warum will Herr Kremer, dass der Maulwurf verschwindet?

- [ ] weil der Maulwurf den Rasen kaputt macht
- [ ] weil Herr Kremer lieber einen Hund als Haustier möchte

b) Warum ist das Ende der Ballade komisch?

- [ ] weil Herr Kremer den Maulwurf verjagt hat
- [ ] weil Herr Kremer sein Haus abgebrannt hat, bloß um einen Maulwurf zu vertreiben.

5 In folgenden Auszug sind einige Textstellen markiert. Sind die Textstellen lyrisch, erzählend oder dramatisch? **Schreibe** auf die Linien.

Herr Kremer schwor und lief herum:
„Ich bring dich um! Ich bring dich um!“
Ließ Wasser aus dem Gartenschlauch
ins Erdreich ein. Kroch auf dem Bauch.

____

____

____

Menschen, die die Welt bewegten – mit Sachtexten umgehen

1 **Schau** dir die Fotos **an.**

1

Marie Curie bei einem Laborexperiment

2

Thomas Alva Edison in seinem Labor

2 **Lies** die Texte über zwei Menschen und ihre Erfindungen.

◯

- geboren 1847, gestorben 1931 in den USA
- Forscher und Geschäftsmann auf den Gebieten Elektrizität und Elektrotechnik
- hat 1879 die Glühbirne erfunden

◯

- geboren 1867 in Polen, gestorben 1934 in Frankreich
- hat als erste Frau den Nobelpreis gewonnen, sogar gleich zwei Mal: in Physik und in Chemie
- hat die Radioaktivität entdeckt

3 Ordne den Texten die passenden Bilder zu. **Trage** dazu in den Kreisen die Nummern 1 und 2 **ein.**

Das lernst du in diesem Kapitel

In diesem Kapitel lernst du
- Sachtexten Informationen zu entnehmen,
- Informationen zusammenzufassen und
- ein Lernplakat zu gestalten.

Der Zauberer vom Menlo Park – einen Sachtext erschließen

1 Schau dir das Bild auf dieser Seite an. Welche Informationen liefert es über Thomas Alva Edison? **Kreuze an.**

- ☐ Edison war ein Forscher und Erfinder.
- ☐ Edison war schon als Kind schwerhörig.
- ☐ Edison hat die Glühbirne erfunden.

2 **Überfliege** den Text. Achte vor allem auf die Überschrift und die fett gedruckten Wörter.

Thomas Alva Edison – der Mann, dem ein Licht aufging

Thomas Alva Edison war ein berühmter Forscher und Erfinder. Er wurde im Jahr 1847 in der Stadt Milan in den USA geboren. **Edison war schon als Kind schwerhörig.** Seine Mutter nahm ihn daher von der Schule, als er acht Jahre alt war. Die Mutter brachte ihm zu Hause Lesen, Schreiben und Rechnen bei.

Der junge Edison war sehr neugierig und experimentierte gern. Sein Vater richtete ihm ein kleines Labor in einem Schuppen ein. Mit zwölf Jahren suchte sich Edison seinen ersten Job. **Er verkaufte Getränke und Snacks im Zug.** Dort erfuhr er die neuesten Nachrichten von den Fahrgästen im Zug. Edison sammelte diese Informationen. Er besorgte sich eine alte Druckerpresse und **druckte eine Zeitung mit den Nachrichten.** Die Zeitung **verkaufte er an die Fahrgäste im Zug.**

Später entwickelte Edison für einen Börsenmakler einen Apparat. Der Apparat zeigte automatisch die aktuellen Preise für Gold an. Dafür erhielt Edison 40 000 Dollar. **Mit dem Geld richtete er sich eine eigene Werkstatt ein.** In dieser Werkstatt experimentierte er, verbesserte viele Erfindungen oder erfand ganz neue Dinge.

In dem Ort Menlo Park gründete Edison eine „Erfindungswerkstatt“. Hier entwickelte Edison viele seiner berühmten Erfindungen. Edison gründete Fabriken, die aus seinen Erfindungen Produkte herstellten. Die Produkte wurden dann verkauft. Edison meldete alle Erfindungen beim Patentamt an. Edison hatte insgesamt über 1000 Patente. Dadurch wurde er Millionär.

Durch eine Erfindung wurde Edison weltberühmt. In den Städten gab es damals keine elektrische Beleuchtung, sondern nur Öllampen. Diese Öllampen mussten jeden Abend angezündet werden. Das war viel Arbeit und dauerte lange. **Edison entwickelte deshalb im Jahr 1879 die Glühbirne.**

Heute sehen Glühbirnen anders aus als damals. Aber ihre Namen weisen noch auf den Erfinder Edison hin. Auf den Glühbirnen und ihren Verpackungen steht zum Beispiel E14 oder E27. Das „E“ steht für Edison. Edison wurde 84 Jahre alt und starb am 18.10.1931 in der Stadt West Orange.

3 Worum geht es in dem Text? **Vervollständige** den folgenden Satz in deinem Heft.

In dem Text geht es um …

Thomas Edison • Erfinder • Glühbirne

4 **Lies** den Text nun gründlich.

5 Was erfährst du in dem Text über Edison? **Beantworte** die Fragen. Die fett gedruckten Wörter im Text helfen dir.

a) Warum wurde Edison zu Hause unterrichtet?

____

____

b) Was war der erste Job von Edison?

____

____

c) Was machte Edison mit den Nachrichten, die er im Zug sammelte?

____

____

d) Was machte Edison mit den 40 000 Dollar, die er für seinen Apparat erhielt?

____

____

e) Was war Edisons Erfindung, auf der heute noch sein Name steht?

____

6 Im Text sind einige Wörter gelb markiert. **Verbinde** die Wörter mit der richtigen Bedeutung.

Wörter	Bedeutungen
A schwerhörig	**1** Versuche machen
B experimentieren	**2** jemand, der an einer Börse Geschäfte vermittelt
C der Börsenmakler	**3** eine Sache, die hergestellt und verkauft wird
D die Druckerpresse	**4** eine Urkunde, die Erfindungen schützt
E das Produkt	**5** eine Behörde, bei der man Patente anmeldet
F das Patentamt	**6** schlecht hörend
G das Patent	**7** eine Maschine zum Drucken von Büchern und Zeitungen

7 **Unterstreiche** im Text Wörter, die du nicht kennst. Kläre ihre Bedeutung.

Die Bedeutung von Wörtern klären

- Schau zuerst, ob du im Text eine Erklärung für das Wort findest. Manchmal wird die Bedeutung aus dem Zusammenhang klar.
- Schau dir die Bilder zum Text an. Oft findest du hier Hinweise.
- Schlage das Wort im Wörterbuch nach oder suche es mit einer Suchmaschine im Internet.

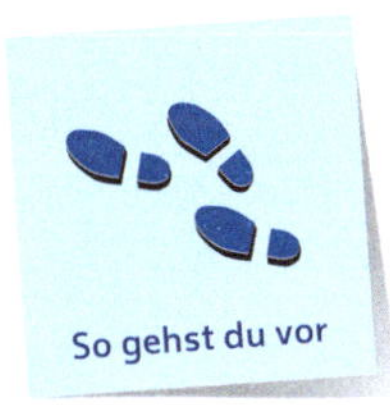

Marie Curie – einem Sachtext Informationen entnehmen

1 Was weißt du schon über Marie Curie? Schau auf Seite 42 nach und **berichte.**

2 **Überfliege** den Text. Achte vor allem auf die Überschrift, die Bilder und die fett gedruckten Wörter.

Marie Curie und eine Erfindung, die die Welt spaltet

A

Marie Curie wurde im Jahr 1867 in dem Land Polen geboren. Damals hieß sie noch Maria Sklodowska. **Marie wollte schon als Kind so viel wie möglich wissen.** Sie lernte schon früh lesen und las alle Bücher, die sie zu Hause fand. Mit 16 Jahren schloss sie als Beste in der Klasse die Schule ab.

B

In Polen durften Frauen nicht studieren. Marie zog daher nach Paris im Land Frankreich. Dort studierte sie Physik und Mathematik. Sie hatte nur wenig Geld, ein ungeheiztes Zimmer und wenig zu essen. Am Anfang sprach sie kein Französisch. Sie war trotzdem eine sehr gute Studentin. An der Pariser Universität durfte sie selbst forschen. Dabei lernte sie den Physiker Pierre Curie kennen. Marie und Pierre verliebten sich ineinander und heirateten im Jahr 1895.

C

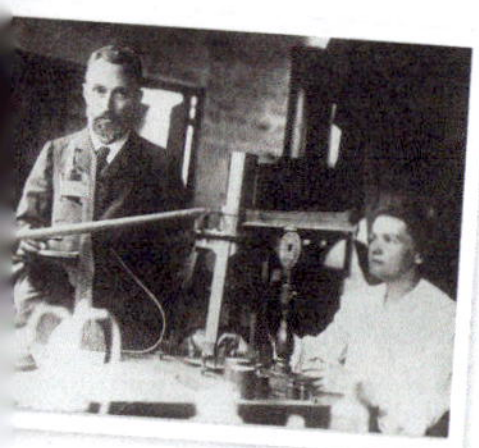

Pierre und Marie Curie richteten sich in einem alten Schuppen ein Labor ein. Dort forschten sie an radioaktiven Materialien. Damals wussten sie noch nicht, wie gefährlich radioaktive Strahlung ist. Pierre und Marie Curie schützen sich deshalb nicht besonders gegen die Strahlung. Bei ihren Forschungen **entdeckten sie ein chemisches Element,** das damals noch nicht bekannt war: **das Radium.**
Im Jahr 1903 erhielten Pierre und Marie Curie dafür zusammen mit einem anderen Forscher **den Nobelpreis für Physik.** Mit den Forschungen von Pierre und Marie Curie lässt sich viel Gutes tun: **Man kann zum Beispiel die Krankheit Krebs bekämpfen und Röntgenbilder machen.** Die Entdeckungen von Pierre und Marie Curie sind aber auch gefährlich: Sie sind eine Grundlage, um Atombomben zu bauen. Bei ihrer Dankesrede zum Nobelpreis warnte Marie Curie davor.

D ______________________________

Im Jahr 1906 starb Pierre Curie bei einem Verkehrsunfall. Marie übernahm seine Stelle als Professor an der Universität. Damit wurde sie die erste Professorin an dieser Universität. Im Jahr 1911 erhielt sie **den Nobelpreis für Chemie.** Damit hat sie als einziger Mensch einen Nobelpreis in zwei verschiedenen Fachgebieten bekommen.

E ______________________________

Marie Curie wurde krank, konnte immer schlechter sehen und musste oft operiert werden. Wahrscheinlich hat die radioaktive Strahlung sie krank gemacht. Sie starb im Jahr 1934 mit 67 Jahren in Frankreich. Viele Jahre nach ihrem Tod wurde sie in das Panthéon in Paris aufgenommen. Das Panthéon ist eine Halle, in der sehr wichtige und berühmte Menschen begraben werden. Marie Curie ist die erste und bisher einzige Frau im Panthéon.

3 Worum geht es in dem Text? **Vervollständige** den folgenden Satz.

In dem Text geht es um … ______________________________

____

____

Marie Curie • Forscherin • entdeckte Radium • erhielt Nobelpreis für Physik und Chemie

4 **Lies** den Text nun gründlich.

5 **Unterstreiche** im Text Wörter, die du nicht kennst. Kläre ihre Bedeutung.

6 **Ordne** die Überschriften den Abschnitten **zu.** Schreibe die Überschriften über die passenden Abschnitte.

Studium in Frankreich • Aufnahme in das Panthéon • Die Entdeckung von Radium • Ein kluges Kind • Der zweite Nobelpreis

7 Was erfährst du in dem Text über Marie Curie? **Beantworte** die Fragen in deinem Heft. Die fett gedruckten Wörter im Text helfen dir.

a) Wie war Marie Curie als Kind?

b) Warum zog Marie Curie nach Paris?

c) Was entdeckten Pierre und Marie Curie?

d) Wofür waren die Forschungen von Pierre und Marie Curie gut?

e) Welche Preise hat Marie Curie erhalten?

8 Welche Informationen im Text findest du besonders interessant? **Schreibe** auf die Linien.

____

____

So gehst du vor

Sachtexte erschließen

Gehe so vor, um einen Sachtext zu erschließen:

Vor dem Lesen:

- **Überfliege** den Text, bevor du ihn genau liest. Achte besonders auf Bilder, Überschriften und fett gedruckte Wörter.

Genau lesen:

- Lies dir den Text **genau und aufmerksam** durch.
- Suche **unbekannte Wörter oder Textstellen** heraus. Versuche die Bedeutung aus dem Zusammenhang zu erschließen. Wenn das nicht gelingt, schlage im Wörterbuch nach oder suche im Internet nach dem Wort.
- Finde passende **Überschriften** für die einzelnen **Abschnitte.**

Nach dem Lesen:

- Fragen können dir helfen, dein **Textverständnis zu überprüfen.** Wenn dir selbst keine Fragen einfallen, lass sie dir von jemand anderem stellen.
- Halte Informationen auf einem **Schaubild** fest, zum Beispiel auf einem Plakat, in einer Mindmap, auf einer Zeitleiste oder auf Karteikarten.

Mindmap, Plakat, Zeitleiste … – die Informationen eines Sachtextes zusammenfassen

Die Klasse 7a will Marie Curie in einem kurzen Vortrag vorstellen. Die Schülerinnen und Schüler haben verschiedene Vorschläge gesammelt, wie der Vortrag anschaulich gestaltet werden kann.

1 **Schau** dir die verschiedenen Vorschläge **an.**

A Zeitleiste

B Lernplakat

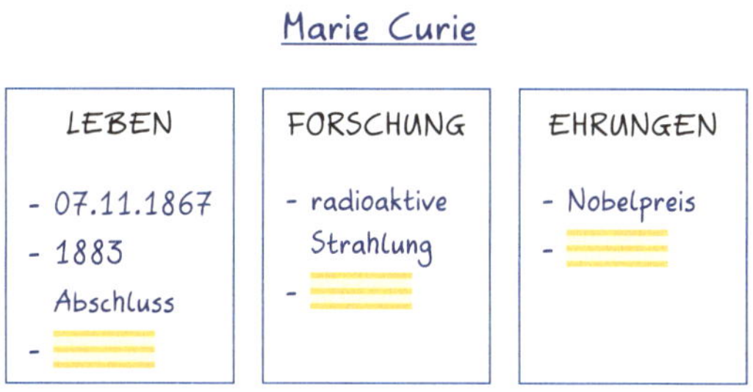

C Mindmap

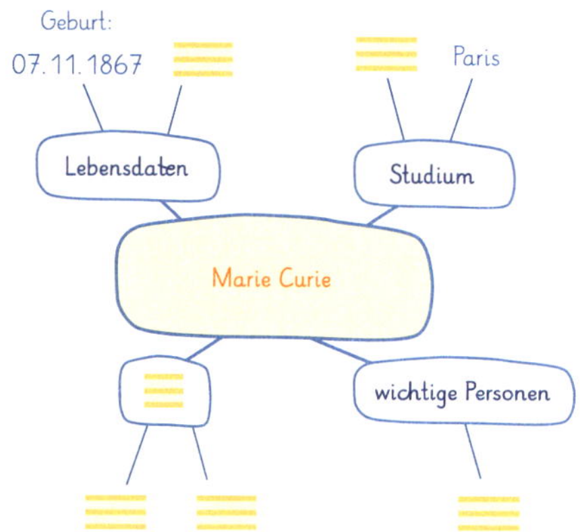

2 **Ordne** die Vorschläge den passenden Fachbegriffen **zu.**

◯ Mindmap ◯ Zeitleiste ◯ Lernplakat

3 Wofür eignen sich die einzelnen Vorschläge besonders? **Ordne** in der Tabelle die Funktionen **zu.** Trage dazu die passenden Nummern ein.

Zeitleiste	Lernplakat	Mindmap

1 wichtige Informationen veranschaulichen • **2** einen zeitlichen Ablauf darstellen • **3** Informationen übersichtlich ordnen

4 **Lies** die Tipps zum Erstellen von Zeitleisten, Lernplakaten und Mindmaps.

A Verwende Fachbegriffe.

B Schreibe groß und leserlich.

C Benutze dicke Stifte in unterschiedlichen Farben.

D Klebe Bilder auf.

E Überprüfe, ob du Rechtschreibfehler gemacht hast.

F Verwende Formen wie Linien, Pfeile oder Kreise.

G Nutze ein Lineal für die Linien.

H Gib Informationen zu Zahlen in Stichwörtern an.

I Gliedere durch Überschriften.

J Schreibe nicht zu viele Informationen auf.

K Unterstreiche wichtige Wörter.

L Fertige einen Entwurf an.

5 Welche Tipps sollte man besonders beachten, wenn man eine Zeitleiste, ein Lernplakat oder eine Mindmap erstellt? **Ordne** die Buchstaben vor den Tipps in der Tabelle **zu.** Du kannst mehrere Buchstaben in eine Spalte schreiben.

Zeitleiste	**Lernplakat**	**Mindmap**
______	______	______
______	______	______

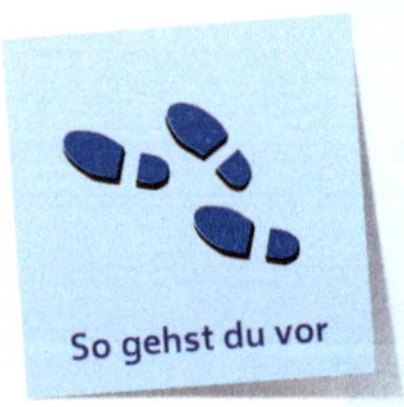

Eine Zeitleiste, ein Lernplakat oder eine Mindmap erstellen

Mit einer **Zeitleiste,** einem **Lernplakat** oder einer **Mindmap** kannst du Informationen aus einem Text veranschaulichen.
Gehe beim Erstellen so vor:

- **Lies** den Text **genau.** Markiere **wichtige Informationen** oder notiere sie am Rand.
- Überlege, ob sich für die Informationen eine **Zeitleiste,** ein **Lernplakat** oder eine **Mindmap** am besten eignet.
- Schreibe die Informationen mit **dicken Stiften** in **unterschiedlichen Farben** auf ein **großes Blatt Papier.**
- Schreibe in **großer, leserlicher Schrift.**

Schreiben

1 **Vervollständige** den Entwurf für ein Lernplakat und gehe dabei so vor:

a) **Lies** noch einmal den Text über Marie Curie auf Seite 46–47.
b) **Unterstreiche** im Text Stellen, die Informationen zu den Überschriften und Stichwörtern enthalten.
c) **Übertrage** Informationen aus dem Text in den Entwurf.

MARIE CURIE

PREISE
Nobelpreise für:

____

____

IHR LEBEN

____

____

IHRE ENTDECKUNG

____

2 **Übertrage** den Entwurf auf ein großes Blatt Papier und ergänze weitere Informationen aus dem Text. ☆

3 Überlege, wie du dein Lernplakat bei einem Kurzvortrag einsetzen kannst. **Kreuze an,** was du am wichtigsten findest.

☐ Ich lese die Stichwörter von dem Lernplakat ab.
☐ Ich zeige beim Kurzvortrag auf das Foto.
☐ Ich gliedere den Kurzvortrag nach den Überschriften auf dem Lernplakat.

Alles klar? – Teste dich selbst!

1 Schau dir das Filmplakat neben dem Text an. Welche Informationen liefert es? **Kreuze an.**

- ☐ Es geht um einen Film über einen Flug zum Mars.
- ☐ Es geht um einen Film über drei schwarze Frauen und die NASA.
- ☐ Es geht um einen Film über Außerirdische.

2 **Überfliege** den Text. Achte vor allem auf die Überschrift und die fett gedruckten Wörter.

„Hidden Figures“ – Inhalt des Films

Der Film spielt im Land USA im Jahr 1961. Die Raumfahrt-Behörde **NASA will Raumschiffe ins All schicken**. Dafür braucht die NASA gut ausgebildete Mitarbeiter und Mitarbeiterinnen. Dorothy Vaughan, Mary Jackson und Katherine Johnson sind drei Mathematikerinnen. Sie könnten bei der NASA mitarbeiten und bei dem Raumfahrt-Projekt helfen. Aber es gibt ein Problem: **Alle drei sind schwarz und sie sind Frauen.**

In den USA gab es 1961 die Rassen-Trennung. Das bedeutete unter anderem: **Schwarze Menschen konnten keine Karriere im Beruf machen.** Außerdem dachten viele Leute, dass Frauen nichts von Technik verstehen. Für schwarze Frauen war es deshalb besonders schwer, Karriere in einem Technik-Beruf zu machen. Aber für neue technische Erfindungen ist es wichtig, dass viele Menschen mitarbeiten. Auch schwarze Menschen und Frauen.

Der Film „Hidden Figures“ erzählt, wie **die drei schwarzen Frauen um eine Karriere bei der NASA kämpfen**. Die Frauen sind dabei mutig, geschickt und ehrgeizig. Manche Kollegen glauben, dass die Frauen die Arbeit nicht können. Aber andere Kollegen fördern die Frauen.

(verändert)

3 Worum geht es in dem Text? **Vervollständige** den folgenden Satz in deinem Heft.

In dem Text geht es um ...

Film „Hidden Figures“ • drei schwarze Mathematikerinnen • Karriere bei der NASA

4 **Lies** den Text nun gründlich.

5 **Unterstreiche** im Text Wörter, die du nicht kennst. Kläre ihre Bedeutung.

6 **Beantworte** die Fragen. Die fett gedruckten Wörter im Text helfen dir.

a) Wofür braucht die NASA gut ausgebildete Mitarbeiterinnen und Mitarbeiter?

____

____

b) Warum ist es für Dorothy Vaughan, Mary Jackson und Katherine Johnson schwierig, als Mathematikerinnen zu arbeiten?

____

____

c) Was bedeutete die Rassen-Trennung unter anderem?

____

____

d) Worum kämpfen die drei schwarzen Frauen?

____

____

Jetzt bist du dran! – Eine Persönlichkeit vorstellen

1 Schau dir die Bilder auf dieser Seite an. Was verraten sie über das Leben von Nelson Mandela? **Kreuze an.**

☐ Gefängnis	☐ Hochzeit	☐ Nobelpreis
☐ Anwalt	☐ Wissenschaft	☐ Herkunft Südafrika

2 **Lies** den Text.

Nelson Mandela

Nelson Mandela wurde im Jahr 1918 geboren. Sein Vater war Häuptling von einem Stamm in Südafrika. Mandelas Familie wollte ihn früh zu einer Heirat zwingen. Deshalb floh Mandela in die Stadt. Dort arbeitete er als Wachmann, Boxer und Anwalt.

Mandela war gegen den Rassismus in Südafrika. Bis ins Jahr 1994 mussten schwarze und weiße Menschen dort getrennt voneinander leben. Das nannte man Apartheid. Die Weißen behandelten die Schwarzen oft sehr schlecht.

Zuerst dachte Mandela, dass Streiks und Demonstrationen gegen die Apartheid helfen würden. Das sind friedliche Mittel gegen eine Politik oder Regierung, mit der man nicht einverstanden ist. Dann aber lebte Mandela versteckt und beschädigte heimlich Sachen, die anderen Menschen gehörten. Die Regierung hielt das für Terror und sperrte Mandela ins Gefängnis.

Erst 26 Jahre später ließ eine neue Regierung Mandela wieder frei. Damals war er schon 72 Jahre alt. Im Jahr 1993 bekam Mandela den Friedens-Nobelpreis zusammen mit dem südafrikanischen Präsidenten Frederik de Klerk. Ein Jahr später wurde Mandela selbst Präsident von Südafrika. Er wollte als Präsident keine Rache. Aber alle Menschen sollten erfahren, was in der Zeit der Apartheid Schlimmes passiert ist. Mandela blieb fünf Jahre lang Präsident von Südafrika. Im Jahr 2013 starb Mandela mit 95 Jahren.

(verändert)

3 **Bereite** einen Kurzvortrag **vor** und gehe dabei so vor:

a) Übertrage die Übersicht in dein Heft oder nutze das Arbeitsblatt. **Ordne** die Informationen über Nelson Mandela **ein.**

Digital+
Audio
WES-127535-017

Nelson Mandela

Informationen zu ...	
Herkunft und Jugend	
Situation in Südafrika	
Kampf gegen die Apartheid	
Gefängnis	
Leben nach der Freilassung	

Flucht in die Stadt • 26 Jahre im Gefängnis • 1993 Friedens-Nobelpreis • geboren 1918 in Südafrika • Vater Häuptling • Arbeit als Wachmann, Boxer und Anwalt • gestorben im Jahr 2013 • Apartheid: Trennung von Schwarzen und Weißen • Streiks, Demonstrationen, Beschädigung von Sachen • Entlassung mit 72 Jahren • 1994 bis 1999 Präsident von Südafrika

b) Wenn du noch weitere Information haben möchtest, **suche** im Internet: Gib zum Beispiel unter blinde-kuh.de oder fragfinn.de das Suchwort *Nelson Mandela* ein.

c) **Gestalte** ein Lernplakat für deinen Kurzvortrag. Nutze die Stichpunkte aus der Übersicht.

NELSON MANDELA

HERKUNFT UND JUGEND
geboren: ____________

____

____

KAMPF GEGEN DIE APARTHEID

____

____

d) **Übe** nun deinen Kurzvortrag. Sprich dabei deutlich und langsam.

Vor uns das Meer – den Inhalt eines Jugendbuches wiedergeben

In dem Jugendbuch „Vor uns das Meer“ von dem Autor Alan Gratz aus dem Jahr 2020 geht es um Josef, Isabel und Mahmoud und um die Geschichten ihrer Flucht. Die drei Jugendlichen leben zu unterschiedlichen Zeiten an unterschiedlichen Orten.

1 Die Bilder A, B und C zeigen drei verschiedene Ereignisse aus unterschiedlichen Zeiten in den Ländern Deutschland, Kuba und Syrien. **Schau** dir die Bilder **an.**

2 **Lies** den kurzen Text über das Buch „Vor uns das Meer“.

Deutschland 1938

Havanna, Kuba 1994

Inhalt des Buches „Vor uns das Meer“
Josef ist elf, als er 1939 mit seiner Familie aus Deutschland fliehen muss. Isabel und ihre Familie verlassen 1994 Kuba Richtung USA. Der 12-jährige Mahmoud flieht 2015 aus seiner zerstörten Heimatstadt Aleppo, um in Deutschland neu anzufangen. (verändert)

Aleppo, Syrien 2015

3 **Ordne** die Bilder den Namen aus dem Text **zu.**

◯ Mahmoud ◯ Josef ◯ Isabel

Das lernst du in diesem Kapitel

In diesem Kapitel lernst du
- den Inhalt von Romanauszügen zu verstehen,
- eine Inhaltsangabe zu verfassen und
- eine Inhaltsangabe sprachlich richtig formulieren.

Josef, Deutschland 1938 – den Inhalt eines Jugendbuchauszugs erschließen

Ein Junge aus dem Buch „Vor uns das Meer“ ist Josef. Josef und seine Familie sind jüdisch. Deshalb müssen sie 1938 aus Deutschland flüchten.

1 **Lies** den Text über die Verfolgung von Jüdinnen und Juden im Nationalsozialismus.

1933 kam Adolf Hitler mit der nationalsozialistischen Partei in Deutschland an die Macht. Die Nationalsozialisten wollten die Jüdinnen und Juden in Deutschland und Europa vernichten. Es gab Gewalt und viele Gesetze gegen die Jüdinnen und Juden. Später errichteten die Nationalsozialisten Konzentrationslager. Jüdinnen und Juden wurden dort zum Arbeiten gezwungen und ermordet. Die Nationalsozialisten ermordeten ungefähr 6 Millionen Jüdinnen und Juden. Diesen Völkermord nennt man „Shoa“ oder „Holocaust“.

2 Warum mussten Josef und seine Familie 1938 aus Deutschland flüchten? **Vervollständige** die Sätze.

Josef und seine Familie waren ____________________. Seit 1933

regierten in Deutschland die ______________________________.

Jüdinnen und Juden waren seitdem nicht mehr sicher, denn es

gab________________ und ________________ gegen sie.

3 **Lies** den Auszug aus dem Buch „Vor uns das Meer“ von Alan Gratz oder hör ihn dir an. Löse nach jedem Abschnitt die Aufgaben.

Digital+ Audio WES-127535-018

JOSEF

Berlin, Deutschland – 1938

(1) Krach! Bum!

Josef Landau saß aufrecht im Bett, sein Herz raste wie wild. Er hatte sich noch nicht an die Geräusche dieser neuen Wohnung gewöhnt, dieser kleineren Wohnung. Ihre alte Wohnung konnten sie sich nicht mehr leisten, seit die Nazis seinem Vater verboten hatten, als Anwalt zu arbeiten, weil er Jude war.

Jemand war in der Wohnung!

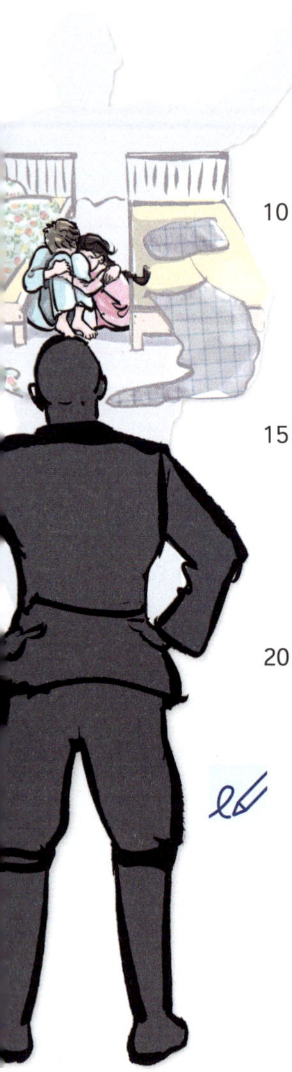

Josef versuchte, sich in der Ecke seines Betts zu verstecken, doch Männerhände griffen nach ihm. Schnappten ihn. Er schrie noch lauter als seine kleine Schwester. Panisch trat und schlug er um sich. Er hatte solche Angst, dass er in die Hose machte.
„Nein!", schrie Josef. „Nein!" Die Männer warfen ihn zu Boden. Ein anderer Mann zog Ruth grob an den Haaren hoch und schlug sie. Die Männer rissen Bilder von den Wänden, zogen Schubladen aus den Kommoden, schmissen Kleider umher. Sie zerschmetterten Lampen und Glühbirnen. Verängstigt klammerten sich Josef und Ruth aneinander. Schließlich packten die Männer sie wieder und zerrten sie ins Wohnzimmer. Dann machten sie die Deckenlampe an. Als sich Josefs Augen an das Licht gewöhnt hatten, sah er die sieben fremden Männer. Die meisten trugen die braunen Hemden und roten Armbinden mit Hakenkreuz der Sturmabteilung, Adolf Hitlers Kampftruppe.

4 Wie ist die Situation am Anfang der Geschichte? **Kreuze an.**

☐ Josef und seine Familie sind gerade in eine neue schöne Wohnung umgezogen.

☐ Nachts kommen Besucher in die Wohnung und spielen mit Josef und seiner Schwester.

☐ Josef und seine Familie werden nachts in ihrer Wohnung von Nazis überfallen.

(2) Josefs Eltern waren ebenfalls im Zimmer. Sie lagen auf dem Boden. „Aaron Landau", sagte ein SA-Mann zu Josefs Vater. „Du arbeitest noch immer als Anwalt, obwohl das Gesetz von 1933 Juden diese Tätigkeit verbietet. Für dieses Verbrechen wirst du verhaftet."
Daraufhin zerrten zwei der Männer Papa hoch und schleiften ihn zur Tür. Der Anführer der Truppe spottete: „Guckt euch den an!", machte er sich lustig und zeigte auf den dunklen Fleck auf Josefs Schlafanzug. „Der Junge hat sich vollgepisst!" Sie lachten, während Josef vor Scham rot anlief. Er versuchte, sich loszureißen. „Bald schon werde ich ein Mann sein!", schrie er sie an. Plötzlich wurde der Mann ernst. „Vielleicht sollten wir dich dann auch schon mitnehmen und ins Konzentrationslager stecken, so wie deinen Vater." „Nein!", schrie Mama. „Nein, mein Sohn ist erst zwölf, er ist doch noch ein Junge! Bitte nicht – bitte!" Josef schaute zu, wie sie seinen Vater fortschleiften, begleitet vom Schluchzen seiner Mutter und Ruths Weinen. Die Nazis verwüsteten den Rest von Josefs Zuhause. Sie zertrümmerten Möbel und Geschirr und rissen die Vorhänge herunter. Dann verschwanden sie genauso schnell, wie sie gekommen waren.

5 Warum verhaften die Nazis den Vater? **Kreuze an.**

☐ Er arbeitet als Anwalt, obwohl ein Gesetz diese Arbeit für Juden verbietet.
☐ Er kennt sich mit den Gesetzen nicht aus, obwohl er Anwalt ist.

(3) In den nächsten Tagen erfuhr Josef, dass seine Familie nicht die einzige war, die in jener Nacht angriffen worden war. In ganz Deutschland waren jüdische Häuser, Geschäfte und Synagogen zerstört worden, und man hatte Zehntausende jüdische Männer verhaftet und in Konzentrationslager gebracht. Reichskristallnacht wurde sie genannt, diese Nacht.

6 Was passiert in dieser Nacht in ganz Deutschland? **Kreuze an.**

☐ Außer Josef und seiner Familie wird niemand angegriffen.
☐ Viele jüdische Häuser, Geschäfte und Synagogen werden zerstört.

(4) Die Nazis hatten es zwar nicht direkt gesagt, aber ihre Botschaft war klar: Josef und seine Familie waren in Deutschland nicht mehr erwünscht. Josefs Mutter verbrachte viele Wochen damit, von einem Amt zum nächsten zu laufen, um herauszufinden, wo ihr Mann war und wie sie ihn nach Hause holen konnte. Niemand wollte ihr etwas sagen.
Doch dann, sechs Monate nachdem man ihn mitgenommen hatte, bekam die Familie **ein Telegramm***. Ein Telegramm von Papa! Er war aus einem **Konzentrationslager*** namens Dachau freigelassen worden, aber nur unter der Bedingung, dass er das Land innerhalb von vierzehn Tagen verließ. Josef wollte Deutschland nicht verlassen, schließlich war es sein Zuhause. (verändert)

* kurzer Brief, der besonders schnell ankommt
* Lager, in dem die Nazis Juden und andere Menschen zum Arbeiten gezwungen und ermordet haben

7 **Vervollständige** den Einleitungssatz zu einer Inhaltsangabe.

In dem Auszug „Josef" aus dem Jugendbuch „________________ ________________" von dem Autor ________________ geht es um Josef und seine Familie. Die Familie ist ________________ und muss Deutschland verlassen. Der Vater von Josef wird ________________ und in ein Konzentrationslager gebracht.

8 Ein Einleitungssatz muss bestimmte Angaben enthalten. **Verbinde** die Fachbegriffe mit der passenden Bedeutung.

A	der Titel	1	die Art des Textes: ein Roman, ein Gedicht, ein Sachtext
B	der Autor	2	zwei bis drei Sätze darüber, worum es in dem Text geht
C	die Textsorte	3	die Person, die den Text geschrieben hat
D	das Jahr der Veröffentlichung	4	das Jahr, in dem das Buch zum ersten Mal zu kaufen war
E	das Thema	5	die Überschrift des Textes

9 **Markiere** in dem Einleitungssatz auf Seite 59 die Angaben in den passenden Farben.

10 Eine Angabe fehlt in dem Einleitungssatz auf Seite 59. **Schreibe** den Fachbegriff auf die Linie.

____

11 **Schreibe** die Angabe **auf,** die in dem Einleitungssatz fehlt. Du findest die Information auf Seite 56.

____

So gehst du vor

Den Einleitungssatz zu einer Inhaltsangabe schreiben

Ein Einleitungssatz sollte folgende **Angaben** enthalten:

- den **Titel** des Textes,
- den **Namen des Autors** oder **der Autorin,**
- die **Textsorte** (zum Beispiel Jugendbuch, Roman, Kurzgeschichte, Gedicht),
- das **Jahr der Veröffentlichung,**
- das **Thema** des Textes.

Mit eigenen Worten! – Den Inhalt eines Jugendbuchauszugs wiedergeben

1 Lies die Überschriften im Wortspeicher. **Ordne** dann in der Tabelle die Überschriften den passenden Abschnitten **zu.**

Abschnitt	Überschrift für den Abschnitt
1 Zeilen 1–21	
2 Zeilen 22–39	
3 Zeilen 40–45	
4 Zeilen 46–56	

Verhaftung des Vaters • Überfall in der Wohnung • Nicht mehr erwünscht • Reichskristallnacht

2 **Lies** die Zusammenfassungen von den Abschnitten. Die Reihenfolge ist durcheinandergeraten.

A Josefs Mutter versucht herauszufinden, wohin der Vater gebracht wurde. Später erhalten sie ein Telegramm. Josefs Vater ist in einem Konzentrationslager. Später darf der Vater nach Hause. Die Familie muss Deutschland aber verlassen.

B Josef muss mit seiner Familie in eine neue Wohnung ziehen. Sein Vater ist ein Anwalt und darf nicht mehr arbeiten, weil er Jude ist. Josef, seine Schwester Ruth und ihre Eltern werden nachts in ihrer neuen Wohnung von Nazis überfallen.

C In dieser Nacht werden auch viele andere jüdische Familien in Deutschland angegriffen. Die Nazis zerstören jüdische Gebäude und bringen Juden in Konzentrationslager.

D Josef und seine Schwester Ruth haben Angst, als die Nazis ihre Möbel zerschlagen. Die Nazis verhaften Josefs Vater und nehmen ihn mit.

3 Bringe die Inhaltsangabe in die richtige Reihenfolge. **Schreibe** dazu die Nummern 1, 2, 3 und 4 unter die Buchstaben.

A	B	C	D

Schreiben

1 Ein Schüler hat eine Inhaltsangabe zum Anfang der Geschichte von Josef geschrieben. **Lies** den Text.

> **1** Josef und seine Familie wurden in ihrer Wohnung überfallen. Sie wohnen erst seit Kurzem in dieser neuen Wohnung, weil Josefs Vater nicht mehr als Anwalt arbeiten darf. **2** Josef und seine Schwester Ruth haben panische Angst, was ich echt gut verstehen kann! Josefs Vater wird von den Nazis verhaftet und mitgenommen. **3** Nach sechs Monaten kam ein Telegramm vom Vater. **4** Der Vater schreibt: „Ich komme bald nach Hause."

2 Eine Mitschülerin hat den Text gelesen und einige Stellen rot unterkringelt. Was hat der Schüler falsch gemacht? **Kreuze an.**

☐ indirekte Rede verwendet
☐ wörtliche Rede verwendet
☐ nicht im Präsens geschrieben
☐ unsachlich formuliert

3 **Berichtige** die Sätze. Die Hinweise am Rand helfen dir.

Hinweis	
Präsens	① ______________________
sachlich	② ______________________
Präsens	③ ______________________
indirekte Rede	④ ______________________
	______________________

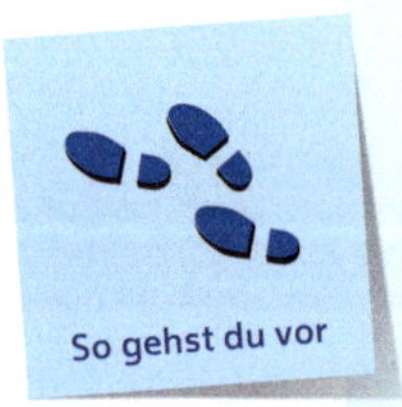

Eine Inhaltsangabe sprachlich richtig formulieren

- Schreibe **sachlich** und **ohne Wertungen.** Schreibe zum Beispiel nicht über deine Gefühle und äußere nicht deine Meinung.
- Verwende **keine wörtliche Rede.**
  Zum Beispiel: Der Schüler sagt, dass er schon viel gelernt hat.
- Benutze als Zeitform das **Präsens.**
  Zum Beispiel: Die Männer stürmen in die Wohnung.

Schülerband S. 123–125

Isabel, Kuba 1994 – einen Jugendbuchauszug erschließen

Ein Mädchen in dem Buch „Vor uns das Meer“ ist Isabel. Auch Isabel muss flüchten. Ihre Geschichte beginnt im Jahr 1994 in Kuba.

1 **Lies** den Text über den Aufstand in Kuba im Jahr 1994.

Das Land Kuba ist ein Inselstaat in der Karibik. Die Hauptstadt von Kuba ist Havanna. Im Jahr 1994 gab es einen Aufstand in Havanna. Damals waren viele Menschen in Kuba arm. Aber sie durften Kuba nicht verlassen, um in einem anderen Land Arbeit zu suchen. Die Menschen waren deshalb unzufrieden. Am 5. August 1994 protestierten in Havanna Tausende Menschen gegen den Präsidenten Fidel Castro und seine Regierung. Die Regierung schickte Polizisten und Soldaten, um die Unruhen zu beenden. Es gab Kämpfe zwischen den Soldaten und den Aufständischen. Fidel Castro hielt eine Rede und versprach den Menschen, dass sie Kuba verlassen durften. Einen Monat später wurde die Ausreise aber wieder verboten. In diesem Monat sollen 30 000 Kubaner und Kubanerinnen geflüchtet sein.

2 Warum gab es im Jahr 1994 in Havanna Proteste?
Vervollständige die Sätze.

Viele Menschen in Kuba waren ______________. Aber sie durften

nicht in einem anderen Land ______________________________.

Die Menschen waren deshalb ______________________________.

3 **Lies** den Auszug aus „Vor uns das Meer“ von Alan Gratz oder hör ihn dir an. Löse nach jedem Abschnitt die Aufgaben.

Digital+
Audio
WES-127535-019

ISABEL

Havanna, Kuba – 1994

(1) Isabel öffnete die Augen und setzte ihre Trompete ab. Hunderte Leute kamen aus den Seitenstraßen gerannt. Es waren hauptsächlich Männer, viele von ihnen mit freiem Oberkörper, in der glühenden Augusthitze nur mit Shorts und Turnschuhen bekleidet. Ihre weißen, braunen und schwarzen Rücken glänzten in der Sonne. Sie riefen

Parolen, warfen Steine und Flaschen. Sie strömten in die Straßen und die wenigen Polizisten waren schnell überwältigt. Isabel sah, wie das Schaufenster eines Gemischtwarenladens in Stücke sprang, woraufhin Männer und Frauen hineinkletterten, um Zahnpasta, Toilettenpapier und Seife zu stehlen. Irgendwo am Ende der Straße schrillte ein Alarm, hinter einem Wohnhaus stieg Rauch auf. Havanna befand sich im Aufstand, und Isabels Vater und Großvater waren irgendwo mittendrin.

4 Wie ist die Situation am Anfang der Geschichte? **Kreuze an.**

☐ Isabel spielt auf der Straße Posaune und bekommt dafür Geld von den Touristen.

☐ Isabel spielt auf der Straße Trompete, als in Havanna ein Aufstand beginnt.

☐ Isabel spielt auf der Straße Trompete, als in Havanna Feuer ausbricht.

(2) Einige Leute flohen vor dem Chaos, doch die meisten rannten mitten hinein. Isabel schloss sich ihnen an. Autos hupten, Fahrräder wendeten und fuhren davon, Menschen waren übereinandergestürzt. „Freiheit! Freiheit!“, riefen einige Aufständische. „Weg mit **Castro***!“ „Genug ist genug!“ Isabel konnte nicht glauben, was sie da hörte. Menschen, die Fidel Castro kritisierten, wurden ins Gefängnis geworfen und verschwanden dort für immer. Doch jetzt waren die Straßen voll mit Leuten, die brüllten: „Nieder mit Fidel! Nieder mit Fidel!“

* kubanischer Revolutionär und von 1959 bis 2008 Präsident von Kuba

5 Gegen wen protestieren die Aufständischen? **Schreibe** auf die Linie.

____

6 Warum kann Isabel kaum glauben, was sie hört? **Vervollständige** den Satz.

Menschen, die Fidel Castro ______________________________,

kommen ins ______________________________.

(3) Gewehrschüsse zerrissen die Luft, Isabel duckte sich. Immer mehr Polizisten kamen auf Motorrädern und in Militärfahrzeugen herbeigefahren. Der Aufstand wurde blutig. Entsetzt wich sie zurück. Dann wurde sie von einer Hand gepackt. Sie drehte sich um. Lito! Erleichtert warf

Schülerband S. 123–125

sie sich in die Arme des Großvaters. „Gott sei Dank, du bist in Sicherheit!“, rief Lito. „Wo ist Papi?“, wollte Isabel wissen. „Ich weiß nicht, wir waren nicht zusammen, als es angefangen hat“, erklärte ihr Großvater.

7 Wie verlaufen die Unruhen? **Kreuze an.**

☐ Die Protestierenden kommen auf Motorrädern herbeigefahren und schießen auf die Polizisten.

☐ Es kommen immer mehr Polizisten, um die Unruhen zu beenden. Die Polizisten schießen auf die Protestierenden.

(4) Sie entdeckte ihren Papi genau in dem Moment, als er eine Flasche auf die Polizisten warf. Ein Polizist packte Isabels Vater am Arm. Wieder hob der Beamte den Knüppel, um zuzuschlagen, doch Isabel sprang dazwischen. „Nein, tun Sie das nicht! Bitte!“, flehte sie. Der Mann holte aus, um auch Isabel zu schlagen, und sie krümmte sich zusammen. Doch der Schlag kam nicht. Der wütende Polizist zeigte mit seinem Schlagstock auf Papi. „Ich habe gesehen, was du gemacht hast“, drohte er. „Ich krieg dich. Wenn das alles hier vorbei ist, verhafte ich dich, dann wirst du für immer weggesperrt.“ Als ihr Großvater ankam und Isabel half, ihren Vater wieder auf die Beine zu ziehen, hatte sie es verstanden:
Papi musste Kuba verlassen.
Heute noch. (verändert)

8 **Beantworte** die Fragen.

a) In welcher Situation entdeckt Isabel ihren Vater?

Isabel entdeckt ihren Vater, als ______________________________

____ wirft.

b) Womit droht der Polizist Isabels Vater?

Der Polizist will ______________________________________.

c) Warum denkt Isabel, dass ihr Vater Kuba heute noch verlassen muss?

Weil Isabel nicht will, dass ____________________________

____.

Nur das Wichtigste! – Eine Inhaltsangabe verfassen

1 **Schreibe** einen Einleitungssatz für eine Inhaltsangabe zu dem Auszug auf den Seiten 63 bis 65 in dein Heft. Lies noch einmal die Methodenbox auf Seite 60. Nutze den Wortspeicher.

Havanna • Unruhen • ein Polizist • eine Flasche • verhaften • Kuba verlassen

2 Ordne in der Tabelle die Überschriften den passenden Abschnitten zu. **Schreibe** die Überschriften auf die blauen Linien.

Ein Wurf mit Folgen • Beginn des Aufstands • Schüsse auf die Protestierenden • Proteste gegen Castro

Abschnitt	Überschrift für den Abschnitt/Stichwörter
1 Zeilen 1–12	
2 Zeilen 13–20	
3 Zeilen 21–27	
4 Zeilen 28–40	

3 **Schreibe** in der Tabelle auf die grünen Linien unter den Überschriften die passenden Stichwörter.

Flaschenwurf auf Polizisten • Schüsse • Isabel entdeckt den Vater • Isabel spielt Trompete • Kritik ist gefährlich • Der Aufstand beginnt • Isabel findet den Großvater • Leute strömen auf die Straße • Wütender Polizist droht • Vater muss Kuba verlassen • Aufständische rufen: „Weg mit Castro!“

4 **Lies** die Zusammenfassungen von drei Abschnitten.
Die Reihenfolge ist durcheinandergeraten.

◯ Die Aufständischen rufen Parolen gegen den Präsidenten Fidel Castro. Aber Kritik an Castro ist verboten. Normalerweise kommt man dafür ins Gefängnis.

◯ Es fallen Schüsse. Polizisten und Soldaten schießen auf die Aufständischen. Plötzlich findet Isabel ihren Großvater.

◯ Isabel macht in Havanna Straßenmusik mit ihrer Trompete. Plötzlich strömen viele Menschen in die Straßen. Sie rufen Parolen und werfen Gegenstände. Die Polizei kann nichts dagegen tun. Es beginnt ein Aufstand. Der Vater und Großvater von Isabel beteiligen sich am Aufstand. Isabel weiß nicht, wo die beiden sind.

5 Bringe die Abschnitte der Inhaltsangabe in die richtige Reihenfolge. **Schreibe** dazu die Nummern 1, 2 und 3 in die Kreise.

6 **Vervollständige** die Zusammenfassung des letzten Abschnitts.

Isabel entdeckt ihren ______________. Er wirft gerade ______________

______________ auf die Polizisten. Ein Polizist wird ______________.

Er droht, den Vater ins ______________ zu stecken. Isabel wird klar:

Der Vater ist in Gefahr. Er muss ______________________________.

7 **Schreibe** mithilfe deiner Ergebnisse aus den Aufgaben 1 bis 6 eine Inhaltsangabe zu den Auszügen auf den Seiten 63 bis 65 in dein Heft.

Eine Inhaltsangabe verfassen

In einer Inhaltsangabe werden die **wichtigsten Inhalte eines Textes zusammengefasst.** Gehe dabei so vor:

- Formuliere eine **Einleitung** zu deiner Inhaltsangabe.
- Gib die **Inhalte** des Textes in **der richtigen Reihenfolge** wieder.
- Formuliere **in eigenen Worten** und **sachlich.** Verwende **keine wörtliche Rede** und schreibe im **Präsens.**

So gehst du vor

Alles klar? – Teste dich selbst!

In der dritten Geschichte aus dem Jugendbuch „Vor uns das Meer“ von Alan Gratz geht es um den Jungen Mahmoud. Mahmoud kommt aus Syrien. In Syrien herrscht seit 2011 ein Bürgerkrieg. Mahmoud muss mit seiner Familie flüchten. Die Familie kommt zunächst in die türkische Stadt Izmir. Dort übernachten sie in einem Einkaufszentrum.

1 **Lies** den Auszug oder hör ihn dir an.

Digital+
Audio
WES-127535-020

MAHMOUD

Izmir, Türkei – 2015, 11 Tage weg von zu Hause

(1) Mahmoud und seine Familie wussten nicht mehr weiter, das ganze Hin und Her raubte ihnen die Kraft. Obwohl Mahmoud das hasste, wieder zurück ins Einkaufszentrum gehen zu müssen, bedeutete es doch immerhin, dass sie nicht draußen im Park schlafen mussten. Am Eingang des Einkaufszentrums standen zwei türkische Männer. Einer von ihnen hatte eine Pistole. „Wenn ihr reinwollt, müsst ihr Miete zahlen“, sagte der Mann. „Seit wann?“, fragte Mahmouds Vater. „Seit heute“, antwortete der Mann. Papa schüttelte den Kopf. „Nein. Wir haben schon all unsere Sachen dabei, wir suchen uns einen anderen Schlafplatz. Es ist doch nur bis morgen.“

(2) Sie zogen auf der Suche nach einer neuen Unterkunft durch die Straßen von Izmir. Endlich entdeckten sie ein Reisebüro. Der Eingang lag weit genug von der Straße entfernt, um dort zu schlafen. Niemand anderes schlief dort. Sie richteten sich gerade ein, als ein türkisches Polizeiauto vorbeifuhr. Mahmoud verkroch sich in einer Ecke, doch das Polizeiauto schaltete das Warnlicht und das Martinshorn ein. „Sie können hier nicht schlafen“, sagte ein Polizist. Wieder mussten sie aufstehen und weitergehen. Mahmoud war so erschöpft, dass ihm die Tränen kamen. Doch er weinte so leise, dass seine Eltern ihn nicht hören konnten.

(3) „Mahmoud! Komm von der Straße runter!“, rief sein Vater. „Du bringst dich noch um!“ Das war Mahmoud egal. Es musste doch irgendjemanden geben, der bereit war, ihnen zu helfen. Er winkte dem nächsten Auto und es hielt an. Der Fahrer war ein älterer Mann. „Können Sie uns bitte helfen?“, flehte Mahmoud. Mahmouds Vater versuchte, ihn wegzuziehen.

„Es tut uns sehr leid“, entschuldigte er sich bei dem Mann. „Wir wollten Sie nicht belästigen, wir gehen sofort weiter.“

Mahmoud wurde wütend. Gerade hatte er es geschafft, jemanden zum Anhalten zu bringen, und sein Vater schickte ihn wieder weg!

„Mein Haus ist zu klein für euch alle“, antwortete der Mann. „Ihr könnt in meinem Büro übernachten.“ „Nein, nein, das können wir niemals annehmen, wir –“, begann Papa, doch Mahmoud fiel ihm ins Wort. „Ja! Danke!“, rief er erleichtert und winkte seine Mutter herbei. „Er sagt, er wird uns helfen!“

(4) „Ihr seid Syrer, nicht wahr? Flüchtlinge?“, fragte der Mann. „Ich weiß, wie das ist, ich bin auch ein Flüchtling. Aus Palästina.“ Mahmoud wunderte sich. Der Mann war ein Flüchtling und besaß trotzdem ein eigenes Auto und ein eigenes Geschäft? „Wie lange leben Sie schon in der Türkei?“, wollte er wissen. „Seit mittlerweile siebenundsechzig Jahren!“, erklärte er. „Ich musste 1948 während des Palästinakriegs meine Heimat verlassen. Sie kämpfen dort noch immer, aber wenn mein Heimatland wieder aufgebaut ist, werde ich nach Hause zurückgehen!“ (verändert)

2 **Vervollständige** den Einleitungssatz für eine Inhaltsangabe zu dem Auszug.

In dem Auszug „Mahmoud“ aus dem Jugendbuch „_______________ “ von dem Autor _______________ aus dem Jahr _______________ geht es um _______________ und seine Familie, die aus dem Land Syrien _______________ müssen.

3 **Ordne** die Überschriften den passenden Abschnitten **zu.**

Abschnitt	Überschrift für den Abschnitt
1 Zeilen 1–10	
2 Zeilen 11–20	
3 Zeilen 21–35	
4 Zeilen 36–44	

Auch ein Flüchtling • Endlich eine Unterkunft! • Suche nach einer neuen Unterkunft • Zurück zum Einkaufszentrum

Spannende Experimente – Vorgänge beschreiben

1

2
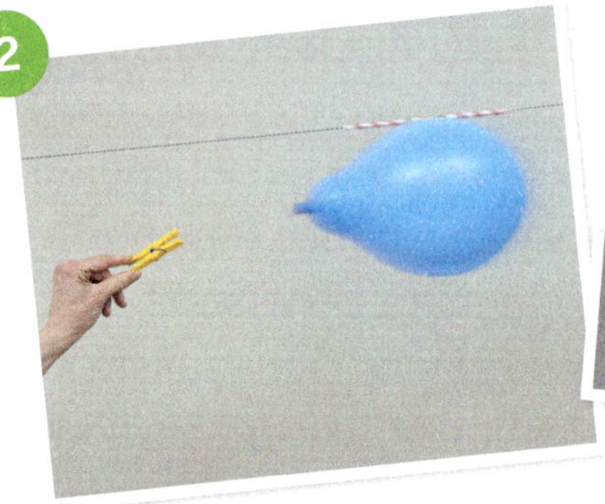

3

1 Die Bilder zeigen Experimente. **Schreibe auf,** welche Gegenstände du auf den Bildern siehst.

1 Flasche, ... ____________________

2 ____________________

3 ____________________

2 Ordne den Experimenten passende Namen zu. **Trage** dazu in den Kreisen die Nummern 1, 2 und 3 **ein.**

◯ Die schwebende Ansichtskarte

◯ Das Ei in der Flasche

◯ Die Luftballon-Rakete

3 Fällt dir ein Experiment ein, das du aus der Schule oder dem Alltag kennst? **Schreibe** den Namen **auf.**

____

Das lernst du in diesem Kapitel

In diesem Kapitel lernst du
- Vorgänge genau und vollständig zu beschreiben und
- Vorgänge in der richtigen Reihenfolge wiederzugeben.

Das Ei in der Flasche – einen Vorgang beschreiben

Marko erzählt seiner Klasse von einem Experiment, das er im Museum für Physik und Chemie gesehen hat.

1 **Lies,** was Marko sagt.

2 Wie stellst du dir das Experiment vor? **Zeichne** eine Skizze in dein Heft.

Marko hat im Museum nachgefragt, wie das Experiment funktioniert. Das Museum hat Marko geantwortet.

3 **Lies** die E-Mail vom Museum.

Lieber Marko,

gerne erklären wir dir das Experiment mit dem gekochten Ei.
Stelle zuerst eine leere Flasche in heißes Wasser. Warte so lange, bis die Flasche auch innen ganz warm geworden ist. Aber Vorsicht: Verbrenne dir nicht deine Finger! Dann legst du das gepellte Ei auf den Flaschenhals. Nimmst du nun die Flasche aus dem heißen Wasser heraus, wird das Ei in den Flaschenhals gesaugt.
Das ist die Erklärung für diesen Trick: Das heiße Wasser erwärmt die Luft in der Flasche. Wenn du die Flasche aus dem heißen Wasser ziehst, kühlt die Luft in der Flasche wieder ab. Wenn Luft abkühlt, zieht sie sich zusammen. Die Folge ist, dass das Ei in die Flasche gesaugt wird.
Ein toller Trick, oder? Achte aber darauf, dass der Flaschenhals nicht zu klein ist. Sonst kann das Ei beim Einsaugen kaputt gehen.
Viel Spaß beim Ausprobieren.

Die Mitarbeiterinnen und Mitarbeiter vom Museum für Physik und Chemie

Marko möchte selbst eine Anleitung für das Experiment schreiben.

4 Bringe mithilfe der E-Mail vom Museum die Schritte in die richtige Reihenfolge. **Schreibe** dazu die Nummern 1, 2, 3 und 4 in die Kreise.

◯ Nimm die Flasche aus dem heißen Wasser.

◯ Warte, bis die Flasche innen warm geworden ist.

◯ Lege das gepellte Ei auf den Flaschenhals.

◯ Stelle eine leere Flasche in heißes Wasser.

5 **Schreibe** die Anleitung in der richtigen Reihenfolge in dein Heft.

Marko möchte seiner Klasse das Experiment erklären und hat sich dafür Stichwörter aufgeschrieben.

6 **Kreuze an,** welche Aussagen auf dem Stichwortzettel richtig sind.

Erklärung: Das Ei in der Flasche

- ☐ Die Flasche wird in heißes Wasser gestellt, dadurch erwärmt sich die Luft in der Flasche.
- ☐ Durch das heiße Wasser kühlt die Luft in der Flasche ab.
- ☐ Wenn die Flasche aus dem heißen Wasser genommen wird, kühlt die Luft ab.
- ☐ Luft zieht sich zusammen, wenn sie sich abkühlt.
- ☐ Luft dehnt sich aus, wenn sie sich abkühlt.
- ☐ Wenn sich die Luft in der Flasche zusammenzieht, wird das Ei in die Flasche gesaugt.

7 **Schreibe** alle Gegenstände **auf,** die Marko für das Experiment braucht.

Flasche, ... ________________________________

____

Wie wird die Schrift wieder sichtbar? – Einn Vorgang anhand einer Bilderfolge beschreiben

Die unsichtbare Schrift

1 **Schau** dir die Bilder zu dem Experiment „Die unsichtbare Schrift“ **an.**

2 Was braucht man für das Experiment? **Schreibe** die Gegenstände auf die Linien.

Schwamm, ... ______________________________

____

3 Bringe mithilfe der Bilder die Schritte in die richtige Reihenfolge. **Schreibe** dazu die Nummern 1, 2, 3, 4, 5 und 6 in die Kreise.

◯ trockenes Papier über nasses Papier legen und darauf schreiben

◯ ein Papier mit einem Schwamm nass machen

◯ das Papier wieder nass machen

◯ Papier gegen das Licht halten

◯ trockenes Papier von nassem Papier nehmen

◯ nasses Papier auf der Heizung trocknen

4 **Vervollständige** die Vorgangsbeschreibung.

Kugel-schreiber • verschwunden • Schwamm • nassen • Abdruck • Nimm • nass • trockenes • Licht • Heizung

Mache ein Blatt Papier mit einem ____________________ nass. Lege nun ein ____________________ Papier über das nasse ____________________. Schreibe mit einem ____________________ ____________________ eine Botschaft auf das Papier. ____________________ das trockene Papier von dem ____________________ Papier. Du siehst nun einen ____________________ von der Botschaft. Trockne das Papier, zum Beispiel auf einer ____________________. Danach ist der Abdruck ____________________. Mache das Papier wieder ____________________. Wenn du das Papier gegen das ____________________ hältst, kannst du die Botschaft wieder sehen.

5 Warum kannst du die Botschaft zum Schluss wieder sehen? **Kreuze** die richtige Erklärung **an.**

☐ An der Stelle mit der unsichtbaren Schrift ist das Papier verändert. Hier nimmt das Papier weniger Wasser auf.

☐ Der Kugelschreiber hat auf das Blatt darunter abgefärbt.

6 **Schreibe** die Vorgangsbeschreibung mit der Überschrift, der Materialliste und der Erklärung in dein Heft.

So gehst du vor

Einen Vorgang beschreiben

- Schreibe eine **Überschrift,** die den Vorgang treffend benennt.
- Nenne in einer Liste alle **Materialien,** die man braucht.
- Beschreibe den **Ablauf** des Vorgangs. Gib die einzelnen Schritte in der richtigen **Reihenfolge** wieder. Beschreibe den Vorgang so genau, dass jemand anderes ihn selbst durchführen kann.
- Füge deiner Beschreibung am Ende eine **Erklärung** hinzu.

Schreiben

1 Schau dir das Bild an. Welche Materialien werden bei dem Experiment verwendet? **Schreibe** die Namen der Gegenstände unter das Bild.

A: Du musst die Münze über die Glasöffnung legen.

B: Lege das Blatt Papier auf das Glas.

C: Man zieht langsam am Papier.

Materialien:

– ______________________________

– ______________________________

– ______________________________

2 Beschreibe die zeitliche Abfolge bei dem Experiment. **Setze** dazu passende Wörter aus dem Wortspeicher **ein.**

________________ wird das Papier auf das Glas gelegt. ____________ wird die Münze auf das Papier gelegt, sodass sie sich genau in der Mitte vom Glas befindet. ____________ wird das Blatt mit der Münze langsam vom Glas gezogen. ____________ wird das Experiment wiederholt. ____________ wird das Papier schnell und ruckartig von dem Glas gezogen.

Dann • Danach • Nun • Jetzt • Zuerst

3 Lies noch einmal die Sprechblasen auf Seite 75. In welcher Form werden die Leserinnen und Leser angesprochen? **Ordne** die Sprechblasen der passenden Form **zu.**

◯ Imperativ (Befehlsform) ◯ Man-Form ◯ Du-Form

4 **Ergänze** den Text durch Verben in den angegebenen Formen.

Für den Versuch ____________________ (*benötigen* – Man-Form) eine Münze, ein Glas und ein Blatt Papier. ____________________ (*legen* – Imperativ) das Papier auf das Glas. Dann ____________ (*legen* – Du-Form) die Münze auf das Papier, sodass sie sich genau in der Mitte vom Glas befindet. ____________________ (*ziehen* – Imperativ) das Blatt mit der Münze langsam vom Glas. Danach ____________________ (*wiederholen* – Man-Form) das Experiment. Diesmal ________________ (*ziehen* – Du-Form) das Papier schnell und ruckartig vom Glas.

5 **Schreibe** mit den Wörtern aus dem Wortspeicher drei Sätze in dein Heft. Formuliere einmal im Imperativ, einmal in der Man-Form und einmal in der Du-Form.

die Münze • drehen

Das kannst du dir merken

Unterschiedliche Anrede-Formen verwenden

In einer **Vorgangsbeschreibung** kannst du unterschiedliche Formen verwenden, um die Leser und Leserinnen anzusprechen:

- **Imperativ** (Befehlsform): **Puste** den Luftballon auf.
- **Man-Form: Man** pustet den Luftballon auf.
- **Du-Form: Du** pustest den Luftballon auf.

Eine Vorgangsbeschreibung wirkt oft sprachlich besser, wenn du diese Formen abwechselnd benutzt.

Mit Vollgas voraus – eine Vorgangsbeschreibung verfassen

1 **Schau** dir die Bilder genau **an.**

Die Luftballon-Rakete

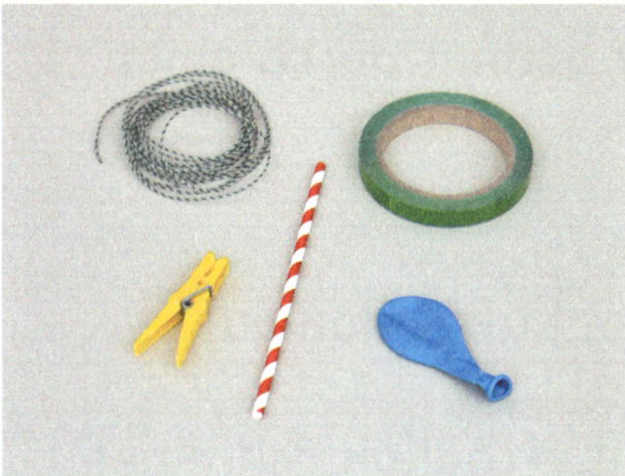

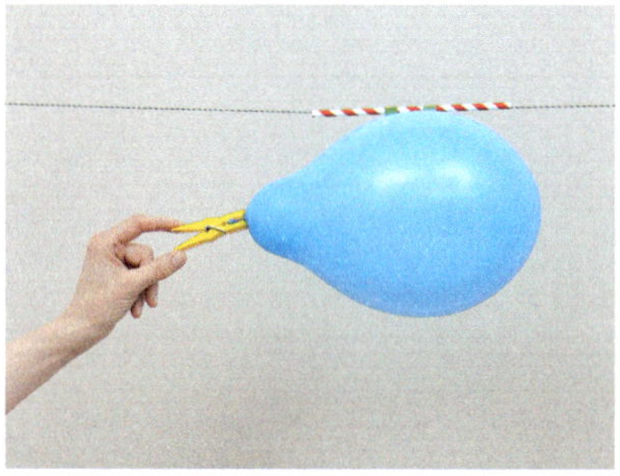

2 Was braucht man für das Experiment? **Markiere** im Wortspeicher die passenden Materialien.

ein Glas • ein Strohhalm • ein Luftballon • eine Flasche • Klebeband • Papier • eine Schnur • eine Wäscheklammer

Einen Versuch beschreiben

Bei einer Vorgangsbeschreibung ist es wichtig, dass man sich genau ausdrückt und passende Wörter verwendet. So kann auch jemand anderes den Vorgang durchführen.

- Gib die benötigten **Materialien** an:
  ein Luftballon, eine Schnur, Klebeband, ein Strohhalm
- Verwende passende Wörter, um die **zeitliche Abfolge** der einzelnen Schritte zu beschreiben:
  als Erstes, zunächst, dann, danach, anschließend, nun, im Anschluss, schließlich, zuletzt, am Ende
- Benenne die Tätigkeiten mit **treffenden Verben:**
  ziehen, binden, spannen, aufpusten, verschließen, befestigen, ziehen, loslassen

Sprachbox

Spannende Experimente

3 **Vervollständige** die Vorgangsbeschreibung mit den Wörtern aus der Sprachbox auf Seite 77.

a) Schreibe Verben im Imperativ auf die blauen Schreiblinien.
b) Beschreibe die zeitliche Abfolge. Schreibe dazu passende Wörter auf die grünen Schreiblinien.

__________ ______________ eine Schnur durch einen Strohhalm.

__________ ______________ einen Luftballon auf.

__________ ______________ den Luftballon mit einer Wäscheklammer.

__________ ______________ den Luftballon mit Klebeband am Strohhalm.

__________ ______________ die Schnur so, dass sie nicht mehr durchhängt.

__________ ______________ den Luftballon los.

4 Was passiert, wenn man den Luftballon loslässt? **Schreibe** einen Satz darüber, was man bei dem Experiment beobachten kann.

wie eine Rakete • fliegen • an der Schnur entlang

Der Luftballon ______________________________

____

5 Was ist die Erklärung für das Experiment? **Vervollständige** den Satz.

vorwärts • strömt • schiebt

Die Luft ________________ aus dem Luftballon heraus und ________________ den Luftballon an der Schnur entlang ________________.

Alles klar? – Teste dich selbst!

1 Lies den Stichwortzettel zu einem Experiment. **Schreibe** dann das benötigte Material auf die Linien.

Die schwebende Ansichtskarte

Material:

– ______________________________

– ______________________________

– ______________________________

Durchführung:
- Glas zur Hälfte mit Wasser befüllen
- Ansichtskarte mit Bildseite zum Wasser hin auf den Glasrand legen
- einen Finger auf die Ansichtskarte legen
- Glas kopfüber drehen
- Finger wegziehen

2 **Vervollständige** die Vorgangsbeschreibung durch Wörter aus dem Wortspeicher. Die blau gedruckten Wörter gehören in die blauen Lücken, die grün gedruckten Wörter in die grünen Lücken.

__________ ______________ das Glas zur Hälfte mit Wasser. __________ __________ die Ansichtskarte mit der Bildseite zum Wasser hin auf den Glasrand. __________ ______________ die Ansichtskarte mit einem Finger fest. __________ ______________ das Glas kopfüber. __________ ______________ den Finger unter der Ansichtskarte weg. Die Ansichtskarte schwebt unter dem Glas.

Lege • Ziehe • Drehe • Befülle • Halte
dann • zuerst • zuletzt • anschließend • währenddessen

Wer? Wann? Wo? Was? – Von Ereignissen berichten

1 

2 

3 

1 **Schreibe** auf die Linien unter den Bildern, um welches Ereignis es sich handelt.

ein Klassenausflug • eine Eröffnung • ein Sturz

2 **Lies** den Text über ein Ereignis.

◯ Am Freitag, dem 13. Februar 20XX, verunglückte Marvin G. in der großen Pause und verletzte sich am Knie. Auf dem Weg zum Schulkiosk stieß Marvin G. mit Patrick M. im Flur zusammen. Marvin G. fiel hin und schürfte sich das rechte Knie auf. Der Schulsanitätsdienst versorgte die Schürfwunde.

3 **Ordne** den Text einem Bild **zu.** Trage die passende Nummer ein.

4 Welche Informationen aus dem Text findest du in dem Bild? **Kreuze an.**

- ☐ Freitag, 13. Februar 20XX
- ☐ zwei Jungen, Zusammenstoß
- ☐ Junge, Schürfwunde

Das lernst du in diesem Kapitel

In diesem Kapitel lernst du
- die Merkmale und Bausteine eines Berichts kennen und
- schriftlich über Ereignisse zu berichten.

Datum, Ort, Beteiligte ... – Bausteine eines Unfallberichtes kennen

1 **Lies** den Bericht über einen Unfall im Sportunterricht.

Unfall im Sportunterricht
Datum, Uhrzeit und Ort des Unfalls:
Montag, 16. September, gegen 10.20 Uhr, Sporthalle
Name der Verletzten und Klasse:
Natalie W. (Klasse: 7b)

Unfallhergang: Natalie W. aus der 7b verletzte sich am Montag, dem 16. September, im Sportunterricht. Gegen 10.20 Uhr stieg Natalie auf den Barren und turnte ihre Übung. Beim Absprung knickte sie um. Sie verletzte sich am Knöchel. Der Sportlehrer informierte den Schulsanitätsdienst. Wir legten einen Verband an und kühlten das Gelenk mit einem Kühlkissen. Ein Arzttermin wurde für den Nachmittag vereinbart.

2 Wo findest du in dem Bericht Informationen zu den W-Fragen? **Markiere** die Stellen in den passenden Farben.

Was ist passiert?
Wann passierte der Unfall?
Wo passierte der Unfall?
Wer war beteiligt?
Wie lief der Unfall ab?
Welche Folgen hatte der Unfall?

Über ein Ereignis berichten

Beantworte die folgenden **W-Fragen,** wenn du über ein Ereignis berichtest:
Was ist passiert? Wann? Wo? Wer? Wie lief das Ereignis ab? Welche Folgen hatte das Ereignis?

So gehst du vor

Wenn du einen Bericht schreibst, kannst du ihn so aufbauen:
1. **Einleitung:** **Was** ist passiert? **Wann** ist es passiert? **Wo** ist es passiert? **Wer** war daran beteiligt?
2. **Hauptteil:** **Wie** lief das Ereignis ab?
3. **Schluss:** **Welche Folgen** hatte das Ereignis?

Wer? Wann? Wo? Was?

3 **Beantworte** in der Tabelle die W-Fragen zu dem Unfall.

W-Fragen	Antworten	Bausteine
Was ist passiert?	Unfall im ______	◯
Wann passierte der Unfall?	Montag, ______, ______ Uhr	◯
Wo passierte der Unfall?	in ______	◯
Wer war beteiligt?	______ ______	◯
Wie lief der Unfall ab?	Natalie ______ auf den ______ und ______ ihre Übung. Beim Absprung ______ sie um. Natalie ______ sich ______.	◯
Welche Folgen hatte der Unfall?	Ein ______ wurde für den Nachmittag vereinbart.	◯

4 **Ordne** die Bausteine des Berichtes den Antworten auf die W-Fragen zu. Schreibe die Buchstaben in die rechte Spalte.

F Ort • **N** Datum und Uhrzeit • **L** Folgen des Unfalls • **A** Beteiligte • **U** Ereignis • **L** Ablauf des Unfalls

5 Die Buchstaben in der rechten Spalte ergeben ein Lösungswort. **Schreibe** es auf die Linie.

______

Der Unfall ereignete sich während ... – Unfallberichte schreiben

1 **Lies** die Notizen zu einem Einsatz der Schulsanitäter.

Ohnmacht von Emilia P.

- Emilia P. 7b, Judyta W. 7a
- während des Unterrichts, um 12.05 Uhr
- im Klassenraum
- Emilia ist schwindelig, wird ohnmächtig, kommt wieder zu sich, Judyta gibt Wasser und legt Beine hoch, Schulsanitäter misst Blutdruck, Ergebnis: zu niedrig
- Eltern kommen und bringen Emilia zum Arzt

2 **Beantworte** die W-Fragen zu den Notizen.

Was ist passiert?

___

Wann passiert der Vorfall?

___

Wo passiert der Vorfall?

___

Wer ist beteiligt?

___

Wie läuft der Vorfall ab?

___

___

___

Welche Folgen hat der Vorfall?

___

___

3 **Ergänze** die Einleitung zum Bericht über den Vorfall.
Nutze Formulierungen aus der Sprachbox.

Ohnmacht von Emilia P.

Der ____

____ 12.05 Uhr

__________ Klassenraum. ______________________________

Emilia aus der 7b und Judyta aus der 7a.

Sprachbox

Folgende Satzanfänge kannst du für die Einleitung zu einem Bericht verwenden:
Der Vorfall/Unfall passierte am …, dem …, um … Uhr • in/am … • Beteiligt waren … und …

4 **Ergänze** den Hauptteil und den Schluss des Berichts.
Nutze Formulierungen aus der Sprachbox.

__________ wurde Emilia schwindelig. __________ wurde sie ohnmächtig. ______________ kam sie wieder zu sich. Judyta gab ihr Wasser. ______________ legte sie Emilias Beine hoch. __________ kam der Schulsanitäter und maß Emilias Blutdruck. Der Blutdruck war zu niedrig. ________________ der Lehrer Emilias Eltern angerufen hatte, wurde Emilia zum Arzt gebracht.

Sprachbox

Mit folgenden Wörtern kannst du die Reihenfolge eines Ereignisses wiedergeben:
zuerst • zunächst • dann • im Anschluss • danach • nun • anschließend • nachdem • zuletzt

5 **Schreibe** den vollständigen Bericht in dein Heft.

Schreiben

1 **Lies** den Bericht eines Schülers über einen Unfall.

Unglaublich! Am Dienstag verletzte sich Mia im Technikunterricht den Finger. Wir arbeiteten alle an unseren Aufgaben. Plötzlich schnitt Mia sich beim Sägen in den Finger. Typisch Mia, sie passt nämlich nie richtig auf, wenn Frau Müller die Arbeiten erklärt. Die Lehrerin holte Verbandsmaterial und versorgte Mias Wunde. Eigentlich war doch alles nicht so schlimm, Mia hat sich bloß ziemlich angestellt.

2 Die markierten Stellen sind nicht sachlich formuliert. Was hat der Schüler falsch gemacht? Lies die Lernbox auf der nächsten Seite und **kreuze an.**

- ☐ wörtliche Rede verwendet
- ☐ mit Wiederholungen geschrieben
- ☐ persönliche Kommentare und Wertungen verwendet

3 **Schreibe** den verbesserten Text in dein Heft.

4 **Lies** den Bericht einer Schülerin über einen Unfall.

Ein paar Dudes aus der 7c haben Fußball gespielt. Dabei verletzte sich Lewin N. voll. Lina M. ist mit dem Ball Richtung Tor gelaufen und hat nur auf den Ball geguckt. Schon war es passiert, Lewin und Lina knallten mit den Köpfen zusammen. Lewin N. verletzte sich dabei übelst am Auge. Seine Eltern holten ihn dann ab und schleppten ihn zum Arzt.

stießen • brachten • Schülerinnen und Schüler • geschaut

5 Der Bericht ist nicht sachlich formuliert. Was hat die Schülerin falsch gemacht? **Kreuze an.**

- ☐ persönliche Kommentare und Wertungen verwendet
- ☐ Umgangssprache verwendet
- ☐ wörtliche Rede verwendet

6 **Schreibe** den verbesserten Text in dein Heft. Nutze den Wortspeicher neben dem Bericht.

7 Lies die Sätze in den Sprechblasen und **markiere** die Verben.

Am Montagmorgen hat sich Lisa im Sportunterricht verletzt.

Am Montagmorgen ________________ sich Lisa im Sportunterricht.

Sie ist eine Runde beim Brennball gelaufen.

Sie ________________ eine Runde beim Brennball.

An der nächsten Station, ist sie auf den Kasten gesprungen.

An der nächsten Station ________________ sie auf den Kasten.

Dabei ist sie umgeknickt und hat sich am Knöchel verletzt.

Dabei ________________ sie um und ________________ sich am Knöchel.

8 In welcher Zeitform stehen die markierten Verben? **Kreuze an.**

☐ Präsens ☐ Perfekt ☐ Präteritum ☐ Futur

9 **Ergänze** in den Lückensätzen die Verben im Präteritum.

10 Bilde das Präteritum von den Verben im Wortspeicher und **ergänze** die Verben in den Sätzen.

holen • beenden • schicken

Die Sportlehrerin ____________________________ das Spiel.

Sie ________________________ zwei Mitschüler zum Sekretariat.

Die Schüler ____________________________ die Schulsanitäter.

Das kannst du dir merken

Sachlich und im Präteritum berichten

- Benutze in einem Bericht eine **sachliche Sprache.** Vermeide unwichtige Informationen, Umgangssprache, wörtliche Rede, Wiederholungen, persönliche Kommentare und Wertungen.
- Verwende in schriftlichen Berichten als Zeitform das **Präteritum.** Zum Beispiel: Das Kind **stolperte.**

Alles klar? – Teste dich selbst!

1 Welche Regeln muss man bei einem Bericht beachten? **Kreuze an.**

	richtig	falsch
Berichte sollten so ausführlich wie möglich sein.	☐	☐
Ein Bericht sollte sachlich geschrieben sein.	☐	☐
Ein Bericht sollte die W-Fragen beantworten.	☐	☐
Einen Bericht schreibt man im Präteritum.	☐	☐

2 **Lies** den Bericht.

Unfall beim Sportfest

Am 10. Juli fand ein Fußballturnier auf dem Sportgelände des TSV Seestadt statt. Um 12.10 Uhr passierte ein Unfall. Der Torwart der 7c verletzte sich an der Hand. Ein Spieler der 8a hatte den Ball hoch in den Strafraum gespielt. Der Torwart faustete den Ball weg und fiel dabei auf seine Hand. Die Schulsanitäter kühlten die Hand mit Kältespray. Der Torwart musste ausgewechselt werden.

3 Wo findest du in dem Bericht Informationen zu den W-Fragen? **Markiere** die Stellen in den passenden Farben.

Was ist passiert?
Wann passierte der Unfall?
Wo passierte der Unfall?
Wer war beteiligt?
Wie lief der Unfall ab?
Welche Folgen hatte der Unfall?

4 **Ordne** die Informationen aus dem Text den Bausteinen eines Berichts **zu.** Übertrage dazu die Tabelle in dein Heft.

Bausteine	**Informationen**
Ereignis (Was?)	
Datum und Uhrzeit (Wann?)	
Ort (Wo?)	
Beteiligte (Wer?)	
Ablauf des Unfalls (Wie?)	
Folgen des Unfalls (Welche Folgen?)	

Diskussionen im Schulalltag – sachlich und überzeugend argumentieren

1 Über welches Thema sprechen die Schülerinnen und Schüler auf dem Bild? **Kreuze an.**

☐ Was soll an unserem Schulkiosk verkauft werden?
☐ Wohin fahren wir bei unserer Klassenfahrt?
☐ Sollen wir einen Schulhund anschaffen?

2 **Lies** die Meinungen aus der Diskussion auf dem Bild.

Wir fahren zum Reiterhof, Punkt! Ich bin Klassensprecher und darf das bestimmen. ☐

Ich finde den Reiterhof einfach nur doof! ☐

Ich bin für den Reiterhof, weil wir dort reiten lernen können. ☐

3 Welche Meinung zum Reiterhof überzeugt dich am meisten? **Kreuze** die Sprechblase **an.**

Das lernst du in diesem Kapitel

In diesem Kapitel lernst du
- dich in einer Diskussion fair zu verhalten,
- Argumente aufzubauen und
- eine schriftliche Stellungnahme vorzubereiten.

Sportgeräte für den Schulhof? – Eine Diskussion untersuchen

Die Klasse 7a hat bei einem Klassen-Wettbewerb ein Preisgeld gewonnen. Nun diskutieren die Schülerinnen und Schüler darüber, was sie mit dem Preisgeld machen.

1 **Lies** die Diskussion.

Marie: Ich finde, wir sollten Sportgeräte anschaffen. Es gibt interessante Kletterstangen oder Trampoline. So können wir in den Pausen Sport machen.

Cem: Ich denke, wir sollten lieber keine Sportgeräte anschaffen. Die sind zu teuer.

Kaan: Ich finde, dass Cem recht hat. Wir sollten keine Sportgeräte anschaffen. Nicht jeder kann die Geräte in der Pause nutzen. Es dürfen ja zum Beispiel nicht alle gleichzeitig auf ein Trampolin.

Malik: Ist das wirklich ein Problem? Wir können das Trampolin doch nacheinander nutzen. In der Pause ist genug Zeit dafür.

Seyyid: Ich stimme Marie zu. Ich habe neulich in einem Park so ein Gerüst gesehen, an dem man seine Muskeln trainieren kann. Das hätte ich gern für unseren Schulhof.

Alina: Ihr seid doof! Die Idee mit den Sportgeräten ist voll blöd! Wir haben doch schon mehrere Stunden Sportunterricht in der Woche. Sportgeräte sind unnötiger Quatsch.

Karina: Ich bin auch gegen die Anschaffung von Sportgeräten. Damit können nicht alle Schülerinnen und Schüler etwas anfangen. Kinder mit Einschränkungen können die Geräte nicht nutzen, wenn sie zum Beispiel auf einen Rollstuhl angewiesen sind.

Aneeb: Ich habe einen Kompromissvorschlag: Wir könnten ja auch nur einige Sportgeräte kaufen. Dann können wir noch Geld für andere Dinge nutzen.

2 Worüber diskutieren die Schülerinnen und Schüler? **Kreuze an.**

- ☐ über die Teilnahme an einem Klassen-Wettbewerb
- ☐ über die Neugestaltung des Schulhofs
- ☐ über die Anschaffung von Sportgeräten für den Schulhof

3 Wer ist für die Anschaffung von Sportgeräten, wer ist dagegen? **Schreibe** die Namen der Schülerinnen und Schüler auf die Linien.

Für Sportgeräte 👍: ______________________________

Gegen Sportgeräte 👎: ______________________________

4 Oft verläuft die Diskussion der 7a fair und angemessen. Übertrage die Tabelle in dein Heft und **ordne** die fairen Beiträge **ein.**

hört genau zu	bezieht sich auf die Äußerungen anderer	begründet den eigenen Standpunkt

5 Alina äußert sich unfair und unsachlich. Warum ist diese Äußerung für eine Diskussion nicht angemessen? **Kreuze** zwei Begründungen **an.**

- ☐ Alina verwendet unpassende Wörter.
- ☐ Alina begründet ihre Meinung nicht.
- ☐ Alina beleidigt andere.

6 Wie kann Alina ihre Meinung für eine Diskussion angemessen formulieren? **Verbinde** die Satzanfänge mit den passenden Satzenden.

A Was ihr sagt,

B Aber ich denke,

C Wir haben doch schon

1 dass wir keine Sportgeräte brauchen.

2 mehrere Stunden Sportunterricht in der Woche.

3 kann ich nachvollziehen.

Das kannst du dir merken

Sich in einer Diskussion fair verhalten

So kannst du dich in einer Diskussion **fair verhalten:**

- **Höre** den anderen genau **zu.**
- Beziehe dich auf **die Aussagen der anderen.**
- Verwende **keine unpassenden Wörter** und **beleidige andere nicht.**
- **Begründe** deinen Standpunkt.

Meinung, Begründung, Beleg … – Argumente aufbauen

1 **Lies** den Diskussionsbeitrag von Karina.

Karina

Ich bin gegen die Anschaffung von Sportgeräten. Damit können nicht alle etwas anfangen. Kinder mit Einschränkungen können die Geräte nicht nutzen, wenn sie zum Beispiel auf einen Rollstuhl angewiesen sind.

2 Karinas Aussage enthält ihre Meinung, eine Begründung und einen Beleg. Übertrage die Tabelle in dein Heft und **ordne** die drei Teile der Argumentation in **ein.**

Meinung	**Begründung**	**Beleg**

3 **Markiere** in der Äußerung von Mike seine Meinung, die Begründung und den Beleg in unterschiedlichen Farben.

Mike

Wir sollten keine Sportgeräte anschaffen. Das spricht nur wenige an. Ezgi und ich zum Beispiel machen in den Pausen lieber was anderes als Sport.

Eine Meinung begründen

In Diskussionen solltest du deine **Meinung** immer begründen. Die **Begründungen** für eine Meinung nennt man **Argumente.** Besonders überzeugend wird eine Argumentation, wenn du deine Begründungen durch **Belege** verdeutlichst.
Eine Argumentation besteht also meistens aus drei Teilen:

- **Meinung:** Die Anschaffung von Sportgeräten ist eine gute Idee, …
- **Begründung:** … denn oft sitzen die Schülerinnen und Schüler in den Pausen herum und bewegen sich nicht.
- **Beleg:** Unsere Klasse zum Beispiel sitzt oft in der Pausenhalle zusammen, ohne sich zu bewegen.

Das kannst du dir merken

Sprechen und Zuhören

Die Klasse 7a diskutiert darüber, ob sie mit dem Preisgeld einen Schulgarten anlegen soll.

1 **Ergänze** in der Diskussion Formulierungen aus der Sprachbox.

Marie: Ich finde, wir sollten einen Schulgarten anlegen. Ein Schulgarten wäre toll, ______________ wir dann selbst Gemüse anpflanzen und ernten könnten. Die Anne-Frank-Schule hat zum Beispiel einen Apfelbaum und macht eigenen Apfelsaft.

Cem: ____, aber Obstbäume brauchen viel Pflege.

Kaan: ____, Cem? Bist du dagegen, einen Schulgarten anzulegen?

Cem: Ja, ich bin dagegen, ____________ ein Garten macht viel Arbeit.

Alina: ____, dass ein Schulgarten gar nicht so viel Arbeit macht. Wir sind doch viele und können die Arbeit untereinander aufteilen.

Sprachbox

Miteinander diskutieren
Folgende Formulierungen kannst du in einer Diskussion benutzen:
Aussagen begründen: ..., weil .../..., denn/..., da
Aktiv zuhören und nachfragen: Wie meinst du das? Kannst du das bitte noch einmal erläutern?
Auf andere eingehen: Ich verstehe deinen Standpunkt, aber .../XY hat recht, aber ...
Einen gegensätzlichen Standpunkt vertreten: Du musst aber auch sehen, dass .../Im Gegensatz zu dir denke ich ...

Tierisch gute Schule? – Eine Argumentation vorbereiten

1 **Lies** den Text.

Tierisch gute Schule? Was man bei Schulhunden bedenken muss
Von Carolin Simon

Das spricht für einen Schulhund: Häufig wirkt sich die Anwesenheit eines Hundes positiv auf Kinder und Jugendliche aus. Studien haben gezeigt, dass die Tiere Angst und Stress reduzieren. Viele Kinder übernehmen auch gern Dienste für den Hund und sind bereit, Rücksicht zu nehmen, indem sie zum Beispiel leise sind. Entspannungs- oder Bewegungspausen mit dem Hund sorgen für Abwechslung im Schulalltag.
Das spricht gegen einen Schulhund: Nicht jeder Hund ist für den Einsatz als Schulhund geeignet. Manche Hunde sind zum Beispiel zu laut oder bewegungsfreudig, um in der Schule zum Einsatz zu kommen. Der Hund kann nicht in der Schule wohnen. Ein Hund kostet außerdem Geld. Er muss zum Tierarzt und braucht Nahrung. Einen Hund darf man auch nicht einfach so mitbringen. Er muss von der Schulleitung genehmigt werden. (verändert)

2 Was spricht für einen Schulhund? **Schreibe** das Argument aus dem Text zusammen mit den Belegen in die Tabelle.

	Das spricht für den Schulhund
Argument:	Der Hund wirkt sich
1. Beleg:	
2. Beleg:	
3. Beleg:	

3 Was spricht gegen einen Schulhund? **Schreibe** die Argumente aus dem Text zusammen mit den Belegen in dein Heft.

4 Cem ist für einen Schulhund. Er schreibt eine E-Mail an die Schülervertretung. **Ergänze** in dem Text ein Argument mit einem Beleg.

Liebe Schülervertretung,

in unserer Klasse haben wir über folgendes Thema diskutiert: Soll an unserer Schule ein Schulhund angeschafft werden? Meine Meinung dazu ist: Wir sollten einen Schulhund anschaffen.

Ein Argument dafür ist: ______________________________

____.

Das belegt dieses Beispiel: ____________________________

____

____.

5 Bist du selbst für oder gegen einen Schulhund? **Kreuze an.**

☐ für einen Schulhund ☐ gegen einen Schulhund

6 **Schreibe** ein Argument für deine Meinung mit einem Beleg in dein Heft.

7 Formuliere nach dem Beispiel von Aufgabe 4 deine Meinung für oder gegen einen Schulhund. **Schreibe** in dein Heft.

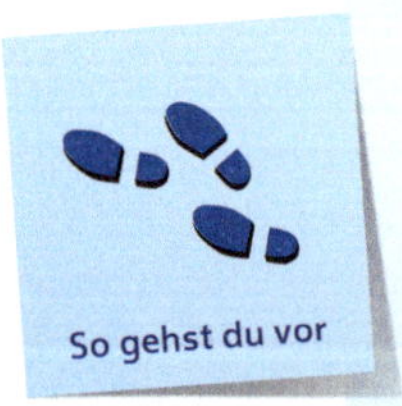

Eine Stellungnahme verfassen

In einer schriftlichen Stellungnahme formulierst du deinen Standpunkt zu einem Thema und begründest ihn.
Eine Stellungnahme besteht aus folgenden Bausteinen:

- In der **Einleitung** nennst du zunächst das Thema, um das es geht. Danach formulierst du deinen Standpunkt.
- Im **Hauptteil** begründest du deinen Standpunkt mit Argumenten. Ergänze die Argumente durch Belege.
- Formuliere zum **Schluss** deine Meinung noch einmal deutlich.

Alles klar? – Teste dich selbst!

1 **Lies** den Sachtext.

Schüler wollen frühen Unterrichtsbeginn
Von Franka Quecke
Die meisten Schüler wollen lieber früh anfangen – weil sie dann mehr vom Nachmittag haben. Das belegt eine Studie: Die Mehrheit möchte, dass der Unterricht um 8 Uhr beginnt. Wissenschaftler haben Daten von rund 7 700 Schülerinnen und Schülern ausgewertet. 70 Prozent möchten um 8 Uhr mit dem Unterricht beginnen und um 15 Uhr aufhören. „Diese Ergebnisse zeigen, wie wichtig es Kindern ist, am Nachmittag keine Schule zu haben“, sagt ein wissenschaftlicher Mitarbeiter, der an der Studie mitgewirkt hat. (verändert)

Viele Jugendliche quälen sich müde zur Schule
Von Jonathan Focke
Pünktlich um 8 Uhr morgens beginnt die erste Stunde. Der frühe Schulbeginn schadet: Gesund sind für die meisten Jugendlichen zwischen acht und zehn Stunden Schlaf. Den erreichen die meisten aber nicht, wie eine Studie belegt: Forschende der Uni Marburg haben herausgefunden, dass die untersuchten 8 800 Jugendlichen zu wenig geschlafen haben. Ein Grund dafür ist der frühe Schulbeginn. Die Schlafforscher sind sich sicher: Ein späterer Schulbeginn würde allen Schülern guttun. (verändert)

2 In den Texten sind zwei Argumente grau markiert. **Unterstreiche** das Argument für einen früheren Schulbeginn grün und das Argument gegen einen früheren Schulbeginn rot.

3 **Markiere** in den Texten die Belege für die Argumente.

4 Bist du selbst für oder gegen einen früheren Schulbeginn? **Kreuze an.**

☐ für einen früheren Schulbeginn
☐ gegen einen früheren Schulbeginn

5 **Schreibe** ein Argument für deine Meinung mit einem Beleg in dein Heft.

Ein Blick hinter die Kulissen – richtig schreiben und Kommas setzen

1 Welche Wörter musst du großschreiben? **Kreise** die Wörter **ein.**

das lachen · spannend · schön · beim lesen · das beste · erzählen · etwas lustiges · das theater

2 Woran erkennst du, dass du diese Wörter großschreiben musst? **Ergänze** die Sätze.

Die Wörter habe alle einen ______________________.

Die Wörter gehören zur Wortart ______________________.

3 **Schreibe** die Wörter in der richtigen Groß- und Kleinschreibung in dein Heft.

4 **Ergänze** bei den folgenden Wörtern k/ck.
- Sprich die Wörter Silbe für Silbe. Zeichne Silbenbögen unter die Wörter. Höre genau hin, ob du zwei verschiedene Konsonanten nach dem kurzen Vokal hörst oder nur einen k-Laut.
- Hörst du nur einen k-Laut, musst du das Wort mit ck schreiben.

lo<u>ck</u>er • Schmin___e • dan___en • ba___en • Ho___er •

Flan___e • le___er • He___e • Schin___en • erschre___en

In diesem Kapitel lernst du
- Rechtschreibstrategien kennen,
- Nominalisierungen zu erkennen und richtig zu schreiben,
- die richtige Schreibung verschiedener Laute und
- Regeln der Kommasetzung.

Tipps für die Rechtschreibung – Rechtschreibstrategien anwenden

1 **Sprich** die Wörter laut und deutlich Silbe für Silbe.

Kulisse Zuschauer Darstellerin Kostümprobe

2 **Schreibe** die Wörter mit ihren Silbenbögen in dein Heft.

Ku lis se, ...

Wörter in Silben sprechen und genau hinhören

Bei manchen Wörtern fällt dir die Rechtschreibung vielleicht noch schwer. Sprich die Wörter **Silbe für Silbe** und schreibe sie mit ihren **Silbenbögen** auf, um dir die Schreibweise zu erschließen.

So gehst du vor

3 **Schreibe** verlängerte Wörter in die rechte Spalte.

Wort	Verlängerung
der Dialo**g**	die Dialoge
lusti**g**	
das Bühnenbil**d**	
sie schrei**b**t	

4 Sprich die verlängerten Wörter genau aus. **Unterstreiche** jeweils den Buchstaben, den du überprüft hast.

Wörter verlängern

Am Wortende werden Wörter oft anders geschrieben, als du sie sprichst. Um dir sicher zu sein, kannst du diese Wörter **verlängern:**

- Bilde bei Nomen den Plural (der Hun**d** – die Hun**d**e).
- Bilde bei Verben die Grundform (du schrei**b**st – schrei**b**en).
- Steigere Adjektive (klu**g** – klü**g**er).

Sprich das verlängerte Wort genau aus. Dann hörst du, welcher Buchstabe richtig ist.

So gehst du vor

Von kleinen und großen Wundern – Groß- und Kleinschreibung

1 Die 7a hat sich den Film „Wunder“ angeschaut.
Lies die Aussagen der Schülerinnen und Schüler über den Film.

Manchmal konnte ich mir das Lachen kaum verkneifen.

Das Außergewöhnliche ist die Entwicklung von Auggie.

Das Interessante ist Auggies Umgang mit schwierigen Situationen.

Der Tod von Daisy ist zum Heulen.

Das Einleben an der neuen Schule ist schwierig für Auggie.

2 Jede Aussage enthält eine Nominalisierung. Lies die Lernbox.
Markiere dann die nominalisierten Verben und Adjektive.

3 Woran hast du die Nominalisierungen erkannt?
Kreise die Begleiter **ein.**

4 Übertrage die Tabelle in dein Heft. **Ordne** die Nominalisierungen und ihre Begleiter **ein.**

Begleiter + nominalisiertes Verb	**Begleiter + nominalisiertes Adjektiv**
das Lachen, …	

Das kannst du dir merken

Nominalisierungen erkennen und großschreiben
Normalerweise schreibt man **Verben** (zum Beispiel: sprechen) und **Adjektive** (zum Beispiel: wichtig) klein. Sie können aber auch als **Nomen** gebraucht werden. Diese **Nominalisierungen** schreibt man groß. Zum Beispiel:
Hier ist das Sprechen nicht erlaubt.
Alles Wichtige steht im Buch.
Man erkennt Nominalisierungen häufig an ihren **Begleitern:** Artikel, Mengenangaben, Präpositionen mit verstecktem Artikel. Zum Beispiel: **das** Reden, **viel** Gutes, **zum** Lesen

5 **Vervollständige** die Sätze durch Nominalisierungen.

A Das ___Schöne___ (schön) an Büchern ist, dass man in eine neue Welt abtauchen kann.

B Durch das ____________ (lesen) von Büchern kann man viel ____________ (nützlich) lernen.

C Viele Menschen lesen gerne Bücher, aber auch das ____________ (hören) von Hörbüchern macht vielen Spaß.

6 **Vervollständige** die Sätze. Entscheide jeweils, ob du die Verben und Adjektive in dem Satz klein- oder großschreiben musst.

A Das ____________ (verschenken) von Büchern ist immer eine ____________ (gute) Idee.

B Das ____________ (entdecken) von ____________ (neuen) Büchern ist aber oft ____________ (schwierig).

C Das ____________ (tolle) an meiner Buchhandlung ist das ____________ (große) Angebot.

7 **Schreibe** die Sätze in der richtigen Groß- und Kleinschreibung in dein Heft.

DAS LESEN VON FANTASYBÜCHERN WIRD IMMER BELIEBTER.

DAS SPANNENDSTE AN DEN BÜCHERN IST OFT DER SCHLUSS.

LANGE HATTE DIE AUTORIN KEINEN ERFOLG MIT DEM SCHREIBEN VON BÜCHERN.

8 **Markiere** nun in den Sätzen die Nominalisierungen. **Kreise** die Begleiter **ein.**

Am Abend, abends – Zeitangaben richtig schreiben

1 **Markiere** in dem Text die Zeitangaben.

Hallo Alva,
schade, dass du gestern Nachmittag bei der Probe nicht dabei sein konntest. Das nächste Mal treffen wir uns übermorgen. Wann die Aufführung beginnen soll, sagt uns Herr Schmidt am Donnerstag. Wenn du abends Zeit hast, können wir telefonieren.

2 Übertrage die Tabelle in dein Heft. **Ordne** die Zeitangaben richtig **ein.** Die Lernbox hilft dir.

Nomen	Adverb	Adverb + Nomen
		gestern Nachmittag

3 **Ergänze** bei den Zeitangaben den Anfangsbuchstaben. Achte auf die richtige Groß- und Kleinschreibung.

A Am ___reitag besucht ein bekannter Schauspieler die Schule.

B Viele Menschen gehen ___amstags gerne ins Theater.

C Die Aufführung dauert bis spät in die ___acht.

D Deshalb sind ___orgens alle müde.

Das kannst du dir merken

Zeitangaben richtig schreiben

Wochentage und **Tageszeiten** sind **Nomen.** Sie werden **großgeschrieben.** Zum Beispiel:
der **M**ontag, am **D**ienstag, eines **A**bends
Zeitangaben werden **kleingeschrieben,** wenn es sich um **Adverbien** handelt. Zum Beispiel:
montags, **a**bends, **h**eute, **m**orgen
Tageszeiten können auch aus einem **Adverb** und einem **Nomen** bestehen. Zum Beispiel:
morgen Abend, heute Morgen, gestern Nacht

Hörst du einen oder verschiedene Konsonanten? – Wörter mit kurzem Vokal richtig schreiben

1 In den folgenden Wörtern wird der betonte Vokal kurz gesprochen. **Markiere** den Vokal gelb.

Stand • Stall stopfen • stoppen Punkt • Puppe Wolke • Wolle

2 **Sprich** die Wörter deutlich **aus.** Hörst du nach dem kurzen Vokal einen Konsonanten oder verschiedene Konsonanten?

3 **Ordne** die Wörter in die passende Spalte der Tabelle **ein.**

verschiedene Konsonanten nach kurzem Vokal	**ein doppelter Konsonant nach kurzem Vokal**
Stand, ...	

4 **Schreibe** die Sätze in dein Heft. Setze statt der Flecken die fehlenden Doppelkonsonanten ein.

A Als Fachkraft für Veranstaltungstechnik arbeitet man nicht i[redacted]er am Theater, sondern auch auf Me[redacted]en und auf Kreuzfahrtschi[redacted]en.
B Man plant die technische Aussta[redacted]ung für eine Veranstaltung, zum Beispiel in einer Ha[redacted]e.
C Dabei ist wichtig, dass die Veranstaltung ohne Störungen ablaufen ka[redacted].

ss • tt • mm • ff • nn • ll

Wörter mit kurzem Vokal richtig schreiben

Das kannst du dir merken

Auf einen kurzen betonten Vokal folgen meistens mehrere Konsonanten.
Wenn du nur **einen Konsonanten** hörst, wird dieser meistens **verdoppelt.** Zum Beispiel: ko**mm**en, ro**ll**en, der Ri**ss**.

Platzen, backen ... – Wörter mit k und z nach kurzem Vokal

Digital+
Audio
WES-127535-021

1 **Sprich** die Wörter Silbe für Silbe oder hör sie dir an.
Zeichne dann Silbenbögen unter die Wörter.

stecken • Acker • packen • Schnecke • lecker • trocken

lenken • Schminke • trinken • Anker • zanken • Tank

2 Woran erkennst du, dass die Wörter in der oberen Zeile mit ck geschrieben werden müssen? **Kreuze an.**

Ich höre nach dem gelb markierten Vokal
☐ einen Konsonanten. ☐ verschiedene Konsonanten.

3 **Markiere** die Wörter mit ck und tz nach einem kurzen Vokal.

Vor der Vorstellung ist viel zu tun!
A Es muss heute geputzt werden, denn die Bühne ist sehr schmutzig.
B Zum Glück geht das blitzschnell.
C Die Kostümbildnerin muss die letzten Änderungen vornehmen.
D Sie nimmt dafür eine spitze Nadel und blickt auf die Uhr.
E Jetzt fängt die Vorstellung an.
F Der Hauptdarsteller liegt noch unter einer Decke und schläft.
G Man weckt ihn schnell und schickt ihn auf die Bühne.

4 **Ergänze** in den Lückenwörtern k oder ck und z oder tz.

dan____en • dru____en • me____ern • mel____en

win____ig • wi____ig • Ker____e • kra____ig

Das kannst du dir merken

Wörter mit k und z nach kurzem Vokal
Hörst du nach einem **kurzen Vokal** nur **k,** schreibst du meistens **ck.** Zum Beispiel: die Flo**ck**e, ba**ck**en
Ausnahmen sind Wörter, die aus einer anderen Sprache kommen. Zum Beispiel: der A**kk**usativ
Hörst du nach einem **kurzen Vokal** nur **z,** schreibst du meistens **tz.** Zum Beispiel: der Pla**tz**, der Si**tz**

Die Bühne, das Gefühl, der Rahmen – Wörter mit h als Dehnungszeichen

1 **Lies** den Text über den Räuber Hotzenplotz.

Die Geschichte vom Räuber Hotzenplotz ist berühmt. Der Räuber lebt in einer Höhle. Er stiehlt Sachen von anderen Menschen. Er will der Großmutter ihre Kaffeemühle wegnehmen. Die alte Frau ist wie gelähmt vor Schreck und wird sogar ohnmächtig. Doch das berührt den Räuber nicht. Dem Polizisten hat er sogar das Fahrrad gestohlen. Kasperl und Seppel fangen den gefährlichen Räuber und erhalten eine sehr große Belohnung.

2 **Unterstreiche** in dem Text alle Wörter mit Dehnungs-h.

3 Übernimm die Tabelle in dein Heft und **ordne** die Wörter mit Dehnungs-h **ein.**

Wörter mit hl (4 Wörter)	**Wörter mit hm** (3 Wörter)	**Wörter mit hn** (2 Wörter)	**Wörter mit hr** (5 Wörter)

4 In den Sätzen fehlen Wörter mit Dehnungs-h. **Schreibe** passende Wörter aus dem Wortspeicher in die Lücken.

A Die Zuschauer sitzen gespannt auf ihren ______________________.

B Wenn es zu laut wird, halten sie sich die ______________________ zu.

C Die Schauspieler betreten die ______________________.

D Das Stück hat mir gefallen, ich kann es ______________________.

E An der Wand hängt ein Bild ohne einen ______________________.

Ohren • Stühlen • empfehlen • Rahmen • Bühne

Wörter mit Dehnungs-h

Nach einem **lang gesprochenen Vokal** steht manchmal ein **h,** das man beim Sprechen nicht hört: das **Dehnungs-h.**
Es steht oft vor den Konsonanten **l, m, n** und **r.**
Zum Beispiel: der Stu**h**l, der Ra**h**men, ä**h**nlich, die Na**h**rung

Das kannst du dir merken

Meistens mit „ie“ – Wörter mit langem i-Laut

1 **Unterstreiche** in dem Text alle Wörter mit langem i-Laut.

Heute treten Tiere nur selten im Theater auf. Früher ließ man sogar riesige Elefanten im Theater auftreten. Heute verirrt sich nur manchmal eine Biene in ein Theater.

2 Wie wird der lange i-Laut in den unterstrichenen Wörtern geschrieben? **Kreuze an.**

☐ i ☐ ie ☐ ih

3 **Ergänze** in den Sätzen passende Pronomen.

ihr • ihren • ihn • ihnen

Auf der Bühne fehlt ein Schrank. Die Schreinerin baut ____________ auf. Sabine hilft ____________ dabei. Die Bühnenmalerin fragt nach einem Pinsel. Sie hat ____________ vergessen. Alle Mitarbeiter am Theater sind aufgeregt. Die Aufführung ist ____________ wichtig.

4 **Schreibe** die passenden Wörter unter die Bilder.

Tiger • Igel • Zitrone

____________ ____________ ____________

5 **Markiere** in den Wörtern unter den Bildern den langen i-Laut.

Das kannst du dir merken

Wörter mit langem i-Laut

Die meisten Wörter mit **langem i-Laut** werden mit **ie** geschrieben. Zum Beispiel: die L**ie**be, n**ie**dlich, s**ie**, v**ie**le
Einige Pronomen mit langem i-Laut schreibt man mit **ih.**
Zum Beispiel: **ihr**, **ih**nen, **ih**n und **ih**m
In wenigen Wörtern wird der lange i-Laut mit einfachem i geschrieben. Zum Beispiel: die Apfels**i**ne, das K**i**no, das Kl**i**ma

„s“, „ss“ oder „ß“? – Den stimmlosen s-Laut richtig schreiben

1 Werden die fett gedruckten Vokale kurz oder lang gesprochen? **Markiere** kurze Vokale gelb und lange Vokale grün.

der Fl**u**ss • der F**u**ß • n**a**ss • der Sp**a**ß • das W**a**sser • gr**o**ß • fl**ü**ssig

2 **Unterstreiche** in den Wörtern ss nach kurzen Vokalen. **Unterkringele** ß nach langen Vokalen.

3 **Ergänze** in den Lückenwörtern ss oder ß.

Eine Bühnenmalerin arbeitet viel mit flü____iger Farbe. Sie mu____ mit dem Pinsel und mit dem Me____er umgehen können. Im Sommer ist es in der Werkstatt oft hei____. Dann arbeitet die Bühnenmalerin drau____en. Sie baut gro____e Gebäude mit wei____en Säulen.

4 Warum hast du in den Lückenwörtern ss oder ß ergänzt? Übernimm die Tabelle in dein Heft und **ordne** die Wörter **ein.**

ss nach kurzem Vokal	**ß nach langem Vokal**	**ß nach Zwielaut**
flüssiger, ...		

5 **Ergänze** in den Lückenwörtern s oder ss am Wortende. Mache dazu die Verlängerungsprobe.

das Gla____ • mu____ • der Schlu____ • das Lo____

Wörter mit s, ß und ss richtig schreiben

Der stimmlose s-Laut wird mit **s, ß** oder **ss** geschrieben.

- Nach einem **langen betonten Vokal** oder nach einem **Zwielaut** (au, ei, ie) schreibst du **ß:** die Stra**ß**e, drau**ß**en, schlie**ß**en.
- Nach einem **kurzen betonten Vokal** schreibst du **ss:** mü**ss**en.
- Oft hörst du am **Wortende** einen **stimmlosen s-Laut. Verlängere** das Wort. So findest du heraus, ob du s oder ss schreiben musst: das Gra**s** – die Grä**s**er, na**ss** – na**ss**e.

Nicht immer ganz einfach … – *das* und *dass* richtig schreiben

1 **Verbinde** die Satzteile zu sinnvollen Sätzen.

A Viele Menschen wünschen sich,

B Das ist das lustigste Theaterstück,

C Ich hoffe,

D „Wilhelm Tell" ist ein Drama,

1 **das** oft aufgeführt wird.

2 **dass** ich vor Aufregung meinen Text nicht vergesse.

3 **dass** sie am Theater Erfolg haben.

4 **das** ich je gesehen habe.

2 **Ergänze** in den folgenden Sätzen „das" oder „dass".

A Das Theaterstück, ______________ ich gestern gesehen habe, hat mir gut gefallen.

B In einem Musical ist es wichtig, ______________ die Schauspielerinnen und Schauspieler gut singen können.

C ______________ Publikum klatschte vor Begeisterung.

D Wir wissen, ______________ am Theater Menschen mit unterschiedlichen Berufen zusammenarbeiten.

Das kannst du dir merken

Die Wörter *das* und *dass* richtig schreiben

Mit der **Ersatzprobe** kannst du herausfinden, ob in einem Satz **das** oder **dass** richtig ist.

- **Das** schreibst du mit einfachem s, wenn sich das Wort durch **dies/dieses, jenes, welches** oder den unbestimmten Artikel **ein, eine** ersetzen lässt. Zum Beispiel: <u>Das</u> (Dieses) Buch, <u>das</u> (welches) du mir geliehen hast, gefällt mir.
- Du schreibst **dass** mit ss, wenn du kein Ersatzwort einsetzen kannst. Zum Beispiel: Wir hoffen, <u>dass</u> dir das Buch gefällt.

So ein Theater! – Das Komma in Satzreihen

1 **Markiere** in den Sätzen die Kommas.

A Mia singt gern, aber sie kann auch gut tanzen.

B Kai will den Räuber spielen, denn er findet das Kostüm toll.

C Cem verschickt die Einladungen, Laura hängt die Plakate auf.

2 Bilde Satzreihen mit den Hauptsätzen in der linken und der rechten Spalte und den Konjunktionen in der Mitte. Denke an die Kommas. **Schreibe** in dein Heft.

Mia freut sich auf das neue Schuljahr.	**denn**	Es gibt ein Theaterprojekt.
Kai will eine Rolle spielen.	**aber**	Er findet auch andere Aufgaben interessant.
Für ein Musical braucht man nicht nur gute Tänzer.	**sondern**	Die Darsteller müssen auch gut singen können.

3 In den folgenden Sätzen fehlen die Kommas. **Markiere** die Hauptsätze mit verschiedenen Farben.

A Max näht die Kostüme Nele baut die Kulissen.

B Laura spielt Schach aber sie will auch Theater spielen.

4 **Ergänze** in den Sätzen die Kommas an der richtigen Stelle.

Das Komma in Satzreihen

Eine **Satzreihe** ist eine Aufzählung von Hauptsätzen.

- Die Hauptsätze werden durch ein **Komma** voneinander getrennt. Zum Beispiel: Endlich beginnt die Aufführung, die Schauspieler betreten die Bühne.
- Oft sind die Hauptsätze durch die Konjunktionen **aber, denn** und **sondern** verbunden. Dann musst du vor der Konjunktion das Komma setzen. Zum Beispiel: Mila hat schon oft auf der Bühne gestanden, **aber** sie ist immer noch vor jeder Aufführung nervös.

Vorhang auf! – Das Komma in Satzgefügen

1 **Untersuche** die Satzgefüge.

a) **Unterstreiche** die Hauptsätze. **Unterschlängele** die Nebensätze.

b) **Kreise** die Personalformen der Verben **ein.**

c) **Kreise** die Konjunktionen **ein** und **markiere** die Kommas.

Die Klasse 7a trifft sich zwei Stunden vor der Aufführung, weil noch viel zu tun ist. Emre probt noch einmal seinen Text, bevor er auf die Bühne geht. Er ist aufgeregt, obwohl er in den letzten Tagen fleißig geübt hat. Alle sind ganz still, als sie auf die Bühne gehen.

2 **Ergänze** die passenden Konjunktionen und die Kommas.

dass • bevor • nachdem

A Der Vorhang hebt sich ________________ alle Platz genommen haben.

B Lisa ist aufgeregt ______________ sie ihren Auftritt hat.

C Die Schülerzeitung berichtet _________ die Aufführung ein Erfolg war.

3 Verbinde die Sätze durch die Konjunktion in Klammern zu einem Satzgefüge. **Schreibe** in dein Heft.

Marie freut sich. Sie hat die Hauptrolle bekommen. (weil)

Das kannst du dir merken

Das Komma in Satzgefügen

Ein **Satzgefüge** besteht aus einem **Hauptsatz** und einem **Nebensatz**. Zwischen Hauptsatz und Nebensatz steht immer ein **Komma.** In einem Nebensatz steht die **Personalform des Verbs am Ende.** Nebensätze werden oft durch eine **Konjunktion** eingeleitet (als, bevor, damit, dass, weil, nachdem).

Hauptsatz: Die Theater-AG probt heute, Nebensatz: damit bei der Premiere alles gut klappt.

Die Theater-AG probt heute, damit bei der Premiere alles gut klappt.

Komma → „,“ · Konjunktion → „damit“ · Personalform des Verbs → „klappt“

Alles klar? – Teste dich selbst!

1 **Schreibe** die Sätze in der richtigen Groß- und Kleinschreibung in dein Heft.

A HIER IST DAS PARKEN VERBOTEN.
B ALLES GUTE ZUM GEBURTSTAG.
C ICH DARF MONTAGS IMMER ZUM SPORT.
D AM DIENSTAG GEHEN WIR INS THEATER.

2 **Markiere** in den Sätzen A und B die Nominalisierungen. **Kreise** die Begleiter **ein.**

3 Übertrage die Tabelle in dein Heft. **Ordne** die Zeitangaben aus den Sätzen C und D richtig **ein.**

Nomen	Adverb

4 **Ergänze** in den Lückenwörtern k oder ck und z oder tz.

k/ck: die Ban____ • der La____ • den____en • der De____el

z/tz: die Ka____e • die Kreu____ung • schmu____ig • die Pflan____e

5 **Ergänze** in den Lückenwörtern ss oder ß.

die Stra____e • mü____en • grü____en • das Wa____er flie____t

6 **Ergänze** in den folgenden Sätzen „das“ oder „dass“.

A Das Diktat, ________ wir gestern geschrieben haben, war einfach.

B Ich hoffe, __________ du dich gut erholt hast.

7 **Unterstreiche** die Hauptsätze. **Unterschlängele** die Nebensätze.

A Wir kommen zu spät wenn wir uns nicht beeilen.
B Wir spielen heute in der Halle weil es regnet.

8 **Ergänze** in beiden Sätzen die Kommas an der richtigen Stelle.

Schätze und Sterne – Wortarten

1 **Verbinde** die Wortarten mit den passenden Erklärungen.

A Nomen	1 bezeichnen Tätigkeiten (suchen, finden).
B Artikel	2 bezeichnen Eigenschaften (alt, dunkel).
C Verben	3 bezeichnen Lebewesen oder Gegenstände (Schiff, Junge).
D Adjektive	4 können Nomen ersetzen (er, sie, es, wir).
E Personal-pronomen	5 zeigen an, wem etwas gehört (mein, dein).
F Possessiv-pronomen	6 sind Begleiter von Nomen (der, die, ein).

2 **Markiere** in dem Text für jede Wortart ein Beispiel: Nomen, Artikel, Verb, Adjektiv, Personalpronomen, Possessivpronomen.

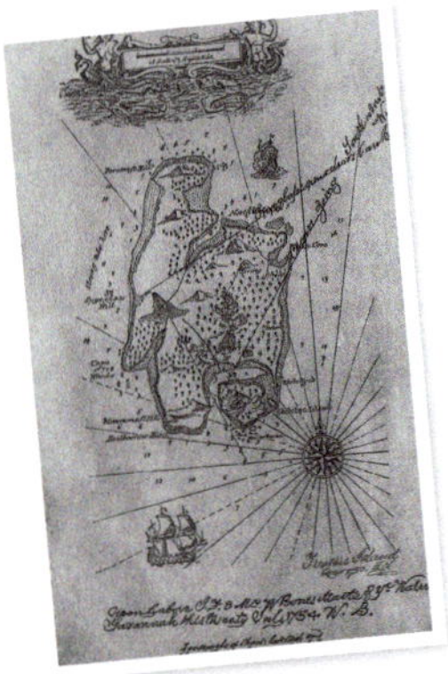

Die Schatzkarte

Kennst du das Buch „Die Schatzinsel“? Es handelt von einem Jungen mit einer besonderen Landkarte. Sein Name ist Jim. Er ist ein Schiffsjunge. Auf der Landkarte sieht man eine unbekannte Insel. Ein Kreuz zeigt auf die Stelle, an der ein wertvoller Schatz versteckt ist. Der mutige Jim sucht den Schatz. Piraten sind seine Gegner. Sie wollen den Schatz für sich haben. Ein harter Kampf beginnt. Jim erlebt das gefährlichste Abenteuer seines Lebens.

Das lernst du in diesem Kapitel

In diesem Kapitel lernst du
- bekannte Wortarten zu deklinieren (verändern),
- Vergangenheitsformen richtig anzuwenden,
- Adverbien und Präpositionen kennen.

Moderne Schatzsuche – Nomen deklinieren

1 **Lies** den Text über eine moderne Schatzsuche.

„Geocaching“ ist eine Schatzsuche. Der Schatz ist in der freien Natur versteckt. Eine App liefert die notwendigen Hinweise. Wenn man die App öffnet, erscheint eine Karte auf dem Handy. Mit dieser Karte geht man auf die Suche. Das Versteck des Schatzes ist oft nicht leicht zu finden. Dem Schatz ist immer ein Buch beigelegt. Der Finder kann sich in das Buch eintragen. Niemand darf den Schatz mitnehmen, damit auch andere Spaß bei der Suche haben.

2 Das Nomen „Schatz“ kommt in dem Text vier Mal vor. **Markiere** es mit seinem Artikel.

3 Beantworte die folgenden Fragen.
Schreibe die markierten Wörter in die passenden Zeilen.

Was ist in der freien Natur versteckt?	
Wessen Versteck ist nicht leicht zu finden?	
Wem ist ein Buch beigelegt?	
Wen darf niemand mitnehmen?	

4 Im Text sind drei Nomen mit ihren Artikeln unterstrichen.
In welchem Fall stehen die Nomen? **Schreibe** die passende W-Frage und den richtigen Kasus in dein Heft.

Nomen deklinieren

Nomen werden verändert, wenn sie in einem Satz stehen. Man sagt auch: Sie werden **dekliniert.** Die Nomen können in **vier verschiedenen Fällen** (Kasus) gebraucht werden:
Den **1. Fall (Nominativ)** erfragst du mit **Wer?** oder **Was?.**
Den **2. Fall (Genitiv)** erfragst du mit **Wessen?.**
Den **3. Fall (Dativ)** erfragst du mit **Wem?.**
Den **4. Fall (Akkusativ)** erfragst du mit **Wen?** oder **Was?.**

Alte Schätze – die Zeitformen des Verbs kennen

1 **Lies** den Text.

A Ein Archäologe ist ein Wissenschaftler, der sich für alte Kulturen interessiert. Er liest aber nicht nur Bücher darüber. Er sucht auch selbst nach verborgenen Gegenständen. Dazu benutzt er oft ein Suchgerät aus Metall. Das Suchgerät nennt man auch Metalldetektor.

B Vor einiger Zeit fand ein Mann mit einem Metalldetektor auf einem Feld in Dänemark einen goldenen Ohrring. Das Schmuckstück stammte aus dem 11. Jahrhundert. Vermutlich schenkte der Kaiser von Byzanz es damals einem Wikinger-Häuptling. Die Wikinger brachten von ihren Reisen zwar viele Münzen mit, aber kaum Schmuck. Deswegen erregte der Fund großes Aufsehen.

C Auch in Zukunft werden noch viele „Schatzsucher" verborgene Gegenstände mit Metalldetektoren finden. Die meisten von ihnen werden die Gegenstände an Wissenschaftler übergeben. Die Wissenschaftler werden die Gegenstände untersuchen. Danach werden Museen die Gegenstände in Ausstellungen zeigen.

2 Die Abschnitte des Textes stehen in verschiedenen Zeitformen. **Ordne** jeden Abschnitt der richtigen Zeitform **zu.**

◯ Präteritum ◯ Futur ◯ Präsens

3 **Unterstreiche** im Text alle Verben im Präsens rot, im Präteritum blau und im Futur grün. Denke daran: Das Futur wird aus zwei Teilen gebildet.

4 **Schreibe** die folgenden Verben im Infinitiv (Grundform) **auf.**

Präsens	Infinitiv	Präteritum	Infinitiv
ist	____________	fand	____________
liest	____________	brachten	____________
nennt	____________	erregte	____________

Die Himmelsscheibe von Nebra – die Zeitformen Perfekt und Plusquamperfekt verwenden

1 **Lies,** was Stella ihrer Freundin Elif von der Astronomie-AG berichtet.

Gestern bin ich in die Bücherei gegangen. Dort habe ich ein Buch mit der ältesten Darstellung des Himmels gefunden. Schon vor 3600 Jahren haben die Menschen eine Himmelskarte aus Bronze gemacht. Die Karte hat lange im Boden beim Ort Nebra gelegen. Deshalb hat sie den Namen „Himmelsscheibe von Nebra“ erhalten.

2 In welcher Zeitform ist der Text geschrieben? **Kreuze an.**

☐ Präsens ☐ Präteritum ☐ Perfekt

3 **Markiere** im Text die Personalformen von haben oder sein und das Partizip 2.

4 **Unterstreiche** die Teilsätze mit der Handlung, die zuerst stattgefunden hat.

A Bevor Stella mit der Arbeit an ihrem Referat anfing, war sie in die Bücherei gegangen.

B Nachdem sie viel über die Himmelsscheibe von Nebra gelesen hatte, entschied sie sich für ein Foto als Einstieg.

5 In welcher Zeitform stehen die unterstrichenen Teilsätze? **Kreuze an.** Die Lernbox hilft dir.

☐ Präteritum ☐ Perfekt ☐ Plusquamperfekt

Das Plusquamperfekt

Man verwendet das **Plusquamperfekt,** wenn eine Handlung **vor** einer anderen Handlung **in der Vergangenheit** passiert ist. Es wird mit **hatte** oder **war** und dem **Partizip 2** gebildet.
Zum Beispiel: Nachdem ich nach Hause **gekommen war,** fing es an zu regnen.

Das kannst du dir merken

Mein Foto, unser Vortrag – Personalpronomen und Possessivpronomen kennen und verwenden

1 Was weißt du noch über Pronomen? **Kreuze an.**

	richtig	falsch
Personalpronomen können Nomen ersetzen.	☐	☐
Possessivpronomen zeigen an, dass jemandem etwas gehört.	☐	☐
Alle Pronomen gibt es nur im Singular (in der Einzahl).	☐	☐
Alle Pronomen können dekliniert (verändert) werden.	☐	☐

2 **Berichtige** die falsche Aussage in deinem Heft.

3 **Lies** das Gespräch von Stella, Elif und Ole.

Stella: Ich suche mein Foto von der Himmelsscheibe. Ich hatte es euch doch gestern gezeigt, oder?
Elif: Ole hat es an die Pinnwand geheftet. Hat er dir nicht Bescheid gesagt?
Ole: Entschuldigung! Ich dachte, wir sammeln erst einmal alle Materialien. Meine Abbildung von der Himmelskarte hängt auch an der Pinnwand. Ihr könnt sie euch später ansehen.
Elif: Die Abbildung passt super zu unserem Vortrag.
Stella: Der „Große Wagen" ist aber auf deiner Abbildung nicht vollständig zu sehen.
Ole: Das macht nichts. Die meisten kennen ihn doch.
Elif: Sollen wir noch Leuchtsterne auf unser Plakat kleben?
Ole: Deine Idee ist genial! Zu Beginn unseres Vortrags machen wir das Licht aus. Dann leuchten sie und alle werden aufmerksam.

4 In dem Gespräch sind die Personalpronomen und die **Possessivpnomen** unterstrichen. Übertrage die Tabelle in dein Heft und **schreibe** die Pronomen in die passende Spalte.

Personalpronomen	Possessivpronomen
ich, …	

5 **Ersetze** die unterstrichenen Nomen durch passende Personalpronomen.

Ole schreibt einen Text über den Stern Sirius.

Sie • Es • Er

____

Die Schülerinnen und Schüler notieren sich den Termin.

____

Das Plakat ist auf der Homepage der Schule zu sehen.

____

6 **Setze** die passenden **Possessivpronomen ein.**

ihrer • seinen • ihres • ihr • seine • ihr

Stella, Elif und Ole üben für ____________ Referat.

Ole liest _______________ Text über den Stern Sirius vor.

Stella klebt _________ Foto von der Himmelsscheibe auf das Plakat.

Elif lädt _______________ Eltern zur Präsentation ein.

Die Lehrerin teilt _______________ Klasse den Termin mit.

Die Gruppe veröffentlicht ein Foto _______________ Plakats auf der Schulhomepage.

Pronomen

Personalpronomen ersetzen Nomen.
Die Schülerin findet ein Foto. **Sie** klebt es auf das Plakat.
Die Personalpronomen sind: ich, du, er/sie/es (Singular), wir, ihr, sie (Plural).
Possessivpronomen begleiten fast immer ein Nomen und zeigen an, dass jemandem etwas gehört.
Die Schülerin schaut auf eine Karte. Es ist **ihre** Karte.
Die Possessivpronomen sind: mein, dein, sein/ihr/sein (Singular), unser, euer, ihr (Plural).

Das kannst du dir merken

Sternbilder als Navigationshilfe – Präpositionen kennen

1 **Markiere** in dem Text die Präpositionen. Die Lernbox hilft dir.

Auf dem Tisch liegt die Karte einer Insel mit einem Leuchtturm. Ein Kompass liegt neben der Karte. Unter dem Kompass liegt ein Buch über Sternbilder. In dem Buch steckt ein Lineal als Lesezeichen. Ein Gerät für die Seefahrt hängt an der Wand.

2 **Ergänze** im Lückentext die passenden Präpositionen.

__________ langer Zeit nutzten die Seeleute zur Orientierung Berge oder andere gut sichtbare Punkte ______ Land. Um diese Punkte von Weitem zu erkennen, kletterten die Seeleute ________ den Ausguck ________ der Mastspitze. ________ dort hatten die Seeleute einen besseren Überblick. _______ der Nacht halfen ihnen die Sterne beim Navigieren.

von • in • an • in • vor • auf

Präpositionen

Präpositionen stehen fast immer vor einem anderen Wort. Dieses Wort ist das **Bezugswort.** Es kann zum Beispiel ein Nomen sein. Die Präposition gibt an, wie sich das Bezugswort zu einer Sache oder Person verhält. Präpositionen heißen deshalb auch Verhältniswörter.

Zum Beispiel: Das Buch liegt **auf** dem Tisch.

(auf ↓ Präposition; Tisch ↓ Bezugswort)

Diese Präpositionen kommen oft vor: ab, an, auf, bei, durch, für, hinter, in, mit, nach, neben, über, unter, von, vor, zu, zwischen.

So gehst du vor

3 Zu welchem Wort sind die Präposition und der Artikel jeweils verschmolzen? Lies die Lernbox und **verbinde** die passenden Wörter.

an + dem	aufs
in + das	vom
auf + das	am
von + dem	ans
an + das	ins
zu + der	zur

4 **Markiere** in den Schlagzeilen die Präpositionen, die mit einem Artikel verschmolzen sind.

Neuer Satellit ins All gestartet

Raumschiff zum Mars startbereit

Wertvoller Schatz beim Angeln entdeckt

Leuchten alle Sterne im Dunkeln?

5 **Schreibe** die markierten Wörter **auf** und löse sie in ihre Bestandteile auf.

ins = in + das, ...

Präpositionen

Eine **Präposition** kann mit einem bestimmten Artikel zu einem Wort verschmelzen. So entsteht eine neue Präposition.
Zum Beispiel: in + dem = **im,** bei + dem = **beim,** zu + der = **zur.**

Das Sternbild „Großer Wagen“ – Adverbien kennen

1 **Lies** den Text und achte auf die fett gedruckten Wörter.

Früher orientierten sich Seeleute am Himmel. **Tagsüber** zeigte ihnen die Sonne die Richtung und **nachts** die Sterne. **Irgendwann** wurden die Sterne zu Sternbildern zusammengefasst. **Überall** auf der Welt erkennen viele Menschen den „Großen Wagen“. Es steht **irgendwo** am Nordhimmel. **Dort** sind die Sterne besonders gut zu erkennen.

2 Die fett gedruckten Wörter sind Adverbien. Auf welche Fragewörter geben sie eine Antwort? **Schreibe** die Adverbien in die passende Spalte.

Wann? Wie lange?	**Wo? Woher? Wohin?**
früher, ...	

3 **Ergänze** in den Sätzen passende Adverbien.

oben • nie • immer

Die Sonne geht ______________ im Westen unter.

Im Norden ist die Sonne ______________ zu sehen.

______________ auf dieser Seite siehst du ein Bild vom „Großen Wagen“.

Adverbien (Umstandswörter)

Adverbien machen nähere Angaben zu einem Geschehen.
Adverbien der Zeit (Temporaladverbien) machen Angaben zur Zeit. Sie antworten auf die Fragen: **Wann? Wie lange?**
Zum Beispiel: montags, heute, jetzt, dauernd, immer, niemals, vorhin
Adverbien des Ortes (Lokaladverbien) machen Angaben zum Ort. Sie antworten auf die Fragen: **Wo? Woher? Wohin?**
Zum Beispiel: oben, hier, da, dort, drinnen, hinten, hier, hinein, links

Alles klar? – Teste dich selbst!

1 **Lies** die Sätze und bearbeite dann die Aufgaben 2 bis 5.

(**1**) Früher befuhren Seefahrer **die Meere**. (**2**) Sternbilder halfen **den Seefahrern** bei der Navigation. (**3**) Seekarten hat es erst später gegeben. (**4**) **Ein Kapitän** bewahrte oft viele Seekarten in seiner Kammer auf. (**5**) Dort berechnete ein Steuermann den genauen Seeweg zum Ziel. (**6**) Heute benutzen Seefahrer überall auf der Welt moderne Technik.

2 Bestimme die Zeitform der Verben in den Sätzen. **Kreuze an.**

Satz	Präsens	Präteritum	Perfekt
1	☐	☐	☐
2	☐	☐	☐
3	☐	☐	☐
4	☐	☐	☐
5	☐	☐	☐
6	☐	☐	☐

3 Im Text sind Wörter unterstrichen. Zu welcher Wortart gehören die Wörter? **Kreuze an.**

☐ Adjektiv ☐ Adverb ☐ Präposition

4 In den Sätzen 1, 2 und 4 sind drei Nomen mit Artikel markiert. In welchem Fall stehen die Nomen? **Schreibe** die passende W-Frage und den richtigen Fall in die Tabelle.

	W-Frage	Fall (Kasus)
die Meere		
den Seefahrern		
ein Kapitän		

5 In Satz 5 ist eine Präposition mit einem Artikel verschmolzen. **Schreibe** sie auf die Linie und löse sie in ihre Bestandteile auf.

______________ = ______________ + ______________

Spannende Fälle – Satzglieder und Attribute

1 **Markiere** in jedem Satz die Satzglieder mit verschiedenen Farben.

A Erich Kästner schrieb das Buch „Emil und die Detektive“ im Jahr 1929.

B Das Buch „Emil und die Detektive“ schrieb im Jahr 1929 Erich Kästner.

C Im Jahr 1929 schrieb Erich Kästner das Buch „Emil und die Detektive“.

Das kannst du dir merken

Satzglieder mit der Umstellprobe bestimmen

Die Wörter oder Wortgruppen eines Satzes, die beim Umstellen des Satzes zusammenbleiben, bilden ein **Satzglied.**
Zum Beispiel:
Abends sieht Özlem in ihrem Zimmer ihre Lieblingsserie.
Ihre Lieblingsserie sieht Özlem abends in ihrem Zimmer.
In ihrem Zimmer sieht Özlem abends ihre Lieblingsserie.

2 Stelle die folgenden Sätze einmal um. **Schreibe** in dein Heft.

A Arthur Conan Doyle schrieb im Jahr 1886 seine erste Sherlock-Holmes-Geschichte.

B Die drei Fragezeichen lösten bislang jeden Fall.

C Viele junge Menschen in Deutschland lesen die Detektivgeschichten von TKKG.

3 **Markiere** jedes Satzglied in einer anderen Farbe.

4 Aus wie vielen Satzgliedern bestehen die Sätze? **Kreuze an.**

☐ 2 ☐ 4 ☐ 8

Das lernst du in diesem Kapitel

In diesem Kapitel lernst du
- die Satzglieder Subjekt, Prädikat, Objekt und adverbiale Bestimmungen zu bestimmen und
- Attribute kennen.

Subjekt, Prädikat und Objekt – bekannte Satzglieder bestimmen

1 **Verbinde** die Satzglieder mit der passenden Satzgliedfrage.

A Subjekt	1 Wen oder was?
B Prädikat	2 Wer oder was?
C Dativobjekt	3 Was geschieht? Was tut jemand?
D Akkusativobjekt	4 Wem?

Das Subjekt

Das **Subjekt** kannst du mit der Subjektfrage Wer oder was? ermitteln. Es kann aus einem Wort oder aus mehreren Wörtern bestehen.

Beispiel: Der schlaue Detektiv hat den Fall gelöst.
Subjektfrage: Wer oder was hat den Fall gelöst?
Antwort: **der schlaue Detektiv** (= Subjekt)

Das kannst du dir merken

2 **Lies** den Text.

Ein Fall für TKKG

(1) „Ein Fall für TKKG" ist der Titel einer Jugendbuch-Reihe. (2) Die Abkürzung TKKG steht für die Namen der Hauptfiguren Tim, Karl, Klößchen und Gaby. (3) Als TKKG-Bande lösen die vier Jugendlichen Kriminalfälle. (4) Gabys Hund und ihr Vater helfen den jungen Detektiven bei ihren Fällen. (5) Viele junge Menschen in Deutschland lieben die TKKG-Geschichten. (6) Im Jahr 2007 starb der Autor Stefan Wolf. (7) Die Buchreihe wurde danach mit verschiedenen Autoren weitergeführt.

3 Stelle zu jedem Satz die Subjektfrage. **Unterstreiche** in den Sätzen die Subjekte.

Das Prädikat

Das **Prädikat** kannst du mit der Prädikatsfrage Was tut jemand? oder Was geschieht? ermitteln.

Beispiel: Leyla und Paul gehen ins Kino.
Prädikatsfrage: Was tun Leyla und Paul?
Antwort: Leyla und Paul **gehen** ins Kino. (= Prädikat)

4 Stelle zu den Sätzen die Prädikatsfrage und **unterstreiche** die Prädikate.

(1) Arthur Conan Doyle ist der Autor der berühmten Sherlock-Holmes-Bücher. (2) Sherlock Holmes hilft vielen Menschen. (3) Der Detektiv untersucht Blutspuren und andere Hinweise. (4) Sein Freund Dr. Watson hilft dem Meisterdetektiv. (5) Die Fernsehserie „Sherlock Holmes" begeistert viele Zuschauer. (6) Ein Museum erinnert an den Detektiv Sherlock Holmes.

Die Prädikatsklammer

Das Prädikat besteht oft aus zwei Teilen: aus der Personalform des Verbs und dem Partizip 2. Das nennt man **Prädikatsklammer.**

Zum Beispiel: Der schlaue Detektiv **hat** den Fall **gelöst.**

5 **Unterstreiche** die zweiteiligen Prädikate.

(1) Arthur Conan Doyle hat viele Geschichten über Sherlock Holmes geschrieben. (2) Meine Eltern haben mir ein Sherlock-Holmes-Buch geschenkt. (3) Ich habe das Buch in einer Woche durchgelesen.

6 **Ergänze** in den Sätzen die passenden Prädikate.

haben • gespielt • hat • arbeiten

Die Fernsehserie „Sherlock Holmes" ______________ viele Fans.

In über 200 Filmen ______________ schon 72 Schauspieler den Detektiv ______________.

Polizisten ______________ mit der Methode von Sherlock Holmes.

Das Dativobjekt und das Akkusativobjekt

Jeder Satz hat ein Subjekt und ein Prädikat. Oft enthalten Sätze weitere Satzglieder als Ergänzung: zum Beispiel die **Objekte.**

Das **Dativobjekt** kannst du mit der Satzgliedfrage Wem? bestimmen.

Beispiel:	Tom hat seiner Mutter ein Buch geschenkt.
Satzgliedfrage:	Wem hat Tom ein Buch geschenkt?
Antwort:	**seiner Mutter** (= Dativobjekt)

Das **Akkusativobjekt** bestimmst du mit der Frage Wen oder was?

Beispiel:	Der Kommissar hat den Fall gelöst.
Satzgliedfrage:	Wen oder was hat der Kommissar gelöst?
Antwort:	**den Fall** (= Akkusativobjekt)

7 Ermittle, ob es sich bei den unterstrichenen Satzgliedern um Dativobjekte oder Akkusativobjekte handelt. **Schreibe** dazu die jeweils passende Satzgliedfrage unter die Sätze.

A In über 200 Filmen spielten schon 72 Schauspieler den Meisterdetektiv.

Wen spielten schon 72 Schauspieler?

B Mit Sherlock Holmes ist dem Schriftsteller eine weltweit bekannte Figur gelungen.

____

C Die Polizei in der ganzen Welt arbeitet mit der Methode von Sherlock Holmes.

____

D Die ägyptische Polizei schult ihren Nachwuchs mit den Geschichten von Sherlock Holmes.

____

8 **Ordne** die Sätze aus Aufgabe 7 passend **ein.**

Dativobjekte	Akkusativobjekte
	A, ...

Zeit, *Ort*, *Art und Weise* oder *Grund*? – Adverbiale Bestimmungen unterscheiden

1 **Verbinde** die Fragen mit den passenden Antworten.

A Wann haben Sie den Diebstahl bemerkt?

B Wo hatten Sie die Kette aufbewahrt?

C Wie ist der Dieb ins Haus gekommen?

D Warum haben Sie uns nicht sofort angerufen?

1 Ich habe Sie nicht sofort angerufen, weil ich unter Schock war.

2 Ich habe den Diebstahl am späten Abend bemerkt.

3 Ich hatte die Kette in einem Tresor aufbewahrt.

4 Der Dieb ist unbemerkt ins Haus gekommen.

2 **Markiere** jeweils in den Fragen die Fragewörter und in den Antworten die adverbialen Bestimmungen.

3 Ordne in der Tabelle die Sätze passend ein. **Schreibe** die Nummern der Antworten in die Spalten.

Adverbiale Bestimmung …			
… der Zeit	**… des Ortes**	**… der Art und Weise**	**… des Grundes**

Das kannst du dir merken

Die adverbialen Bestimmungen

Adverbiale Bestimmungen liefern nähere **Angaben zu den Umständen** eines Geschehens. Mit Satzgliedfragen kannst du ermitteln, um welche Art der adverbialen Bestimmung es sich handelt:

- **adverbiale Bestimmungen der Zeit:** Wann? Wie oft? Wie lange?
- **adverbiale Bestimmungen des Ortes:** Wo? Wohin? Woher?
- **adverbiale Bestimmungen des Grundes:** Warum?
- **adverbiale Bestimmungen der Art und Weise:** Wie?

4 Ermittle die Art der unterstrichenen adverbialen Bestimmungen. **Schreibe** dazu die passenden Satzgliedfragen auf die Linien.

A In ihrer Freizeit liest Frau Huber Krimis.

Wann liest Frau Huber Krimis?

B Ganz besonders mag sie die Fälle von Sherlock Holmes.

____

C Beim Lesen vergisst sie in ihrem Bett häufig die Zeit.

____

D Die Krimis rauben ihr in der Nacht den Schlaf.

____

E Am nächsten Morgen kommt sie dann nur schwer aus dem Bett.

____

5 **Lies** den Text und achte auf die markierten Wörter.

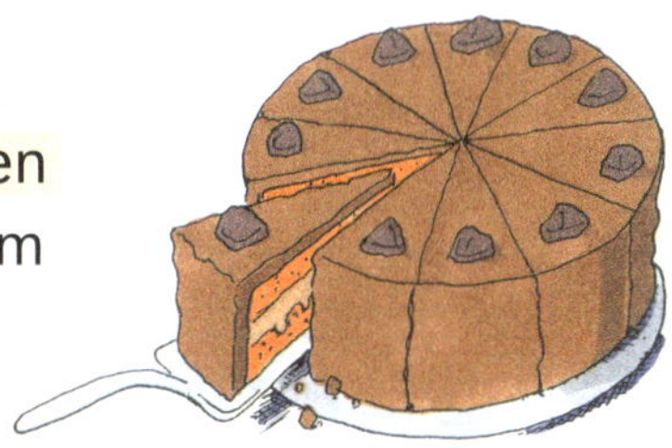

Das Ergebnis des Kuchen-Wettbewerbs stand (1) nach über zwei Stunden fest: Der Schokokuchen von Frau Wenzel bekam (2) wegen seiner beeindruckenden Größe den ersten Preis. Frau Wenzel nahm den Preis (3) freudig entgegen. Das geheime Rezept bewahrte sie (4) in einer verschlossenen Truhe auf. (5) Eines Tages wollte Frau Wenzel es aus der Truhe holen. (6) Vorsichtig öffnete sie das Schloss. Doch das Rezept war verschwunden! (7) Voller Panik wählte sie die Nummer von Detektiv Max Knopf. Ein neuer spannender Fall für den Meisterdetektiv!

6 Um welche adverbialen Bestimmungen handelt es sich bei den markierten Wörtern? **Schreibe** die Nummern in die Spalten.

Adverbiale Bestimmung ...

... der Zeit	... des Ortes	... der Art und Weise	... des Grundes

Kein eigenes Satzglied – das Attribut

1 **Lies** die Sätze und achte auf die markierten Attribute.

A Paula liebt spannende Krimis über alles.

B Sherlock Holmes ist ein berühmter Detektiv.

C Der Juwelendieb bevorzugt Schmuck aus Gold und Edelsteinen.

D Eine Dame mit einer Halskette wurde beobachtet.

E Der Einbrecher betritt das prächtige Haus durch den Keller.

F Der Zeuge hat den Dieb mit der Maske wiedererkannt.

2 Mache die Umstellprobe, um die Satzglieder zu ermitteln.
Stelle jeden Satz einmal um. **Schreibe** in dein Heft.

Spannende Krimis liebt Paula über alles.

3 **Markiere** das Bezugswort, zu dem das Attribut gehört.
Ziehe dann einen Pfeil zu dem Attribut.

Spannende Krimis liebt Paula über alles.

Das kannst du dir merken

Das Attribut

Ein **Attribut** ist kein Satzglied, sondern **gehört zu einem Satzglied.** Es beschreibt ein Nomen genauer.
Zum Beispiel: Ich lese gern **spannende** Bücher.

Du kannst Attribute daran erkennen, dass sie **bei der Umstellprobe bei ihrem Bezugsnomen** bleiben.
Zum Beispiel: Im Kino werden donnerstags **neue** Filme gezeigt.
(Attribut: neue – Bezugsnomen: Filme)

Neue Filme werden donnerstags im Kino gezeigt.
(Attribut: Neue – Bezugsnomen: Filme)

Attribute können auch aus mehreren Wörtern bestehen.
Zum Beispiel: Die Frau **mit der Mütze** hat die Tat beobachtet.

Alles klar? – Teste dich selbst!

1 Stelle den folgenden Satz dreimal um. **Schreibe** auf die Linien.

Am späten Nachmittag lösten Kira und Asil den Fall gemeinsam.

1. ______________________________

____

2. ______________________________

____

3. ______________________________

____

2 **Unterstreiche** in dem Satz das Subjekt, das Prädikat und das Objekt.

3 Mit welcher Satzgliedfrage fragst du nach dem Objekt? **Kreuze an.**

☐ Wem? ☐ Wen oder was?

4 Um welche Art von Objekt handelt es sich? **Kreuze an.**

☐ Akkusativobjekt ☐ Dativobjekt

5 **Markiere** in dem Satz die adverbiale Bestimmung der Zeit.

6 Welches Satzglied hast du bisher noch nicht unterstrichen? **Kreuze an.**

☐ adverbiale Bestimmung des Grundes
☐ adverbiale Bestimmung der Art und Weise

7 In dem Satz gibt es ein Attribut. **Schreibe** das Satzglied mit dem Attribut **auf** und **markiere** das Attribut.

____

Textquellen

S. 6: **Was Worte alles können.** Hans Manz, aus: Lieber heute als morgen. Texte für Kinder. Beltz: Weinheim 1988. S. 13/14: **Stell dir mal vor ...** Stefanie Höfler, aus: Dies.: Tanz der Tiefseequalle. Weinheim/Basel: Beltz & Gelberg 2017. S. 5–9 (verändert). S. 16/17: **Ich bin beinahe sofort ...** Stefanie Höfler, aus: Dies.: Tanz der Tiefseequalle. Weinheim/Basel: Beltz & Gelberg 2017. S. 10–13 (verändert). S. 19: **Jetzt mach ich mir echt Gedanken ...** Stefanie Höfler, aus: Dies.: Tanz der Tiefseequalle. Weinheim/Basel: Beltz & Gelberg 2017. S. 14–16 (verändert). S. 23: **Marko, der ist das exakte Gegenteil ...** Stefanie Höfler, aus: Dies.: Tanz der Tiefseequalle. Weinheim/Basel: Beltz & Gelberg 2017. S. 7 (verändert). S. 27–29: **Die Sache mit den Klößen.** Erich Kästner, aus: Ders.: Das verhexte Telefon. © Atrium Verlag AG, Zürich 1935 und Thomas Kästner. S. 30–32, 34, 35: **Der Handschuh.** Friedrich Schiller, aus: Ders.: Gedichte. Leipzig: Crusius 1804. S. 36–38: **John Maynard.** Theodor Fontane, aus: Gedichte von Theodor Fontane. Hg. von Helmut Scheuer. Stuttgart: Reclam Verlag 2001. S. 40: **Der Maulwurf muss weg!** Hans Scheibner, aus: Ders.: Das Beste – Scheibnerweise. Hamburg: Rasch & Röhrig 1993. S. 43/44: **Thomas Alva Edison – der Mann, dem ein Licht aufging.** Annika Bartsch / Frank Radke (Originalbeitrag). S. 46/47: **Marie Curie und eine Erfindung, die die Welt spaltet.** Annika Bartsch/ Frank Radke (Originalbeitrag). S. 52: **„Hidden Figures" – Inhalt des Films.** Aus: Hidden Figures: Unerkannte Heldinnen – Die Handlung. Vision Kino gGmbH – Netzwerk für Film- und Medienkompetenz, Berlin. Online unter: https://wissenschaftsjahr-2018.visionkino.de/hidden-figures/arbeitsmaterialien-zum-film/b1-hidden-figures-unerkannte-heldinnen-diehandlung/ [28.09.2022] (verändert). S. 54: **Nelson Mandela.** Aus: Das Klexikon, ZUM Internet e. V., Merzhausen. Online unter: https://klexikon.zum.de/wiki/Nelson_Mandela [28.09.2022] (verändert). S. 56: **Inhalt des Buches „Vor uns das Meer".** Aus: Alan Gratz: Vor uns das Meer. München: Carl Hanser Verlag 2020 (verändert). S. 57–59: **Josef – Berlin, Deutschland 1938.** Alan Gratz, aus: Ders.: Vor uns das Meer. Aus dem Englischen von Meritxell Janina Piel. München: Carl Hanser Verlag 2020. S. 7–11. © 2020 Carl Hanser Verlag GmbH & Co. KG, München (verändert). S. 63–65: **Isabel – Havanna, Kuba 1994.** Alan Gratz, aus: Ders.: Vor uns das Meer. Aus dem Englischen von Meritxell Janina Piel. München: Carl Hanser Verlag 2020. S. 15, 29–32. © 2020 Carl Hanser Verlag GmbH & Co. KG, München (verändert). S. 68/69: **Mahmoud – Izmir, Türkei 2015, 11 Tage weg von zu Hause.** Alan Gratz, aus: Ders.: Vor uns das Meer. Aus dem Englischen von Meritxell Janina Piel. München: Carl Hanser Verlag 2020. S. 113–117. © 2020 Carl Hanser Verlag GmbH & Co. KG, München (verändert). S. 93: **Tierisch gute Schule? Was man bei Schulhunden bedenken muss.** Carolin Simon, aus: 11 Fragen und Antworten. Was beim Einsatz von Schulhunden zu beachten ist. Aus: Das deutsche Schulportal. Stuttgart: Robert Bosch Stiftung GmbH. 22.01.2022. Online unter: https://deutsches-schulportal.de/unterricht/was-beimeinsatz-von-schulhunden-zu-beachten-ist/ [11.10.2022] (verändert). S. 95: **Schüler wollen frühen Unterrichtsbeginn.** Franka Quecke, aus: DER SPIEGEL, 12.08.2019. Online unter: https://www.spiegel.de/lebenundlernen/schule/studie-schulbeginn-lieber-um-acht-als-um-neunuhr-a-1281518.html [11.10.2022] (verändert). S. 95: **Viele Jugendliche quälen sich müde zur Schule.** Jonathan Focke, aus: Ders.: Darum sollte die Schule später beginnen. © quarks.de, Köln, WDR, 13. Dezember 2018, aktualisiert: 22. März 2022. Online unter: https://www.quarks.de/gesellschaft/bildung/darum-sollte-die-schule-spaeter-beginnen/ [11.10.2022] (verändert).

Bildquellen

akg-images GmbH, Berlin: 46.1, 46.2, 56.1; ClassicStock/Roberts, H. Armstrong 122.1. |Alamy Stock Photo (RMB), Abingdon/Oxfordshire: Cole, David 42.2; MacDonald, Dennis 44.1; Utterstrom Photography 111.1; ZUMA Press, Inc. 56.4, 68.1. |Astrofoto, Sörth: Koch, Bernd 118.1. |Berghahn, Matthias, Bielefeld: 6.1, 6.2, 6.3, 6.4, 7.3, 7.4, 23.1, 26.1, 26.2, 26.3, 26.4, 28.1, 29.1, 30.1, 30.2, 30.3, 31.1, 32.1, 32.2, 32.3, 32.4, 36.1, 37.1, 37.2, 37.3, 38.1, 38.2, 38.3, 38.4, 38.5, 40.1, 80.1, 80.2, 80.3, 81.1, 85.1, 87.1, 104.1, 104.2, 104.3, 116.1. |Bridgeman Images, Berlin: 42.1. |Carl Hanser Verlag GmbH & Co. KG, München: Alan Gratz, Vor uns das Meer. Aus dem Englischen von Meritxell Janina Piel © 2020 Carl Hanser Verlag GmbH & Co. KG, München 56.3; © 2013 / Palacio, Raquel J.: Wunder, aus dem Englischen von André Mumot 99.1. |Carlsen Verlag GmbH, München: Joanne K. Rowling, Harry Potter und der Stein der Weisen. Coverillustration von Sabine Wilharm © Carlsen Verlag GmbH, Hamburg 1998 12.5. |fotolia.com, New York: DragonImages 109.1. |Franckh-Kosmos Verlags-GmbH & Co. KG, Stuttgart: Kirsten Vogel, © 2019 TKKG Junior: Nachts im Gruselpark 121.1. |Getty Images, München: Hulton Archive 54.1, 55.1. |Heicks, Joseph, Hamburg: 103.1. |iStockphoto.com, Calgary: clu Titel; FatCamera 93.1; GlobalP 94.1; Inside Creative House 7.1; LUNAMARINA 92.1; MachineHeadz 102.1; TommL 12.3; Wavebreakmedia Titel, 71.1. |Kräling, Winfried, Marburg: 114.1. |Landesamt für Denkmalpflege und Archäologie Sachsen-Anhalt, Halle (Saale): Lipták, Juraj 113.1. |Marckwort, Ulf, Kassel: 119.1, 125.1. |mauritius images GmbH, Mittenwald: Alamy Stock Photos/Entertainment Pictures © Levantine Films/Entertainment Pictures / Filmproduzent, Drehbuchautor u. Filmregisseur: Theodore Melfi. Darsteller: Janelle Monae as Mary Jackson, Taraji P. Henson as Katherine G. Johnson, Octavia Spencer as Dorothy Vaughan 52.1; Enzinger, Peter 95.1. |Picture-Alliance GmbH, Frankfurt a.M.: AP Photo/File 54.4; Bifab/dpa 43.1; dpa 54.3; PAP 47.1, 51.1; Sueddeutsche Zeitung Photo/Schellnegger, Alessandra 89.1. |Ruthe, Oda, Braunschweig: 89.2, 89.3, 126.1. |S. Fischer Verlag GmbH, Frankfurt/Main: Cover zu Arthur Conan Doyle: Die Abenteuer des Sherlock Holmes 120.1. |Schadeberg, Jürgen, Barx (Valencia): 54.2. |Schäfer, Anke, Laubach: 14.1, 16.1, 16.2, 17.1, 19.1, 58.1, 64.1, 65.1, 68.2. |Schössow, Peter, Hamburg: aus: Andreas Steinhöfel: Rico, Oskar und die Tieferschatten, Carlsen Verlag GmbH, Hamburg 2016 12.6. |Shutterstock.com, New York: BoxerX 12.4; Dimich, Dim 108.1; iralu 36.2; oneinchpunch 12.7; Prostock-studio 7.2. |Stapper, Michael, Berlin: 127.1. |stock.adobe.com, Dublin: denissimonov 123.1; Grötzner, Uwe 10.1; kozlik_mozlik 106.1; lukowski, andrys 97.1; Meseritsch, Herby 10.2; New Africa 5.1; Racle Fotodesign 12.1. |The National Museum of Denmark, Kopenhagen: Søren Greve 112.1. |ullstein bild, Berlin: Imagebroker.net/Peukert, M. 101.1; Lebrecht Music & Arts 110.1. |Verlagsgruppe Beltz, Weinheim: Cover zu Stefanie Höfler: Tanz der Tiefseequalle 13.1. |Wefringhaus, Klaus, Braunschweig: 12.2, 25.1, 70.1, 70.2, 70.3, 72.1, 73.1, 73.2, 73.3, 73.4, 73.5, 73.6, 75.1, 77.1, 77.2, 77.3, 79.1, 88.1. |© Poort, Karel, AN Huizen: 56.2.